Manfred Schuster

ökologie und umweltschutz

Bayerischer Schulbuch-Verlag

bsv Biologie für die Sekundarstufe II

Herausgegeben von Dr. Karl Daumer, München
Studiendirektor, Lehrbeauftragter für biologische
Fachdidaktik an der Universität München

Karl Daumer / Renata Hainz	Verhaltensbiologie
Karl Daumer / Renata Hainz	Verhaltensbiologie (Kurzfassung)
Konrad Lechner	Biochemie
Manfred Schuster	Ökologie und Umweltschutz
Karl Daumer	Genetik
Hartmut Meyer / Karl Daumer	Evolution

1982
4. Auflage, 1. Nachdruck
© Bayerischer Schulbuch-Verlag
8000 München 19, Hubertusstraße 4
Satz und Druck: Georg Wagner, Nördlingen
ISBN 3-7627-4116-6

Inhalt

Einleitung   6

1. Grundreaktionen des autotrophen und heterotrophen Stoffwechsels   9

1.1. Lebewesen und unbelebte Materie   9
1.2. Produzenten und Konsumenten   11
1.3. Photosynthese   13
1.4. Atmung und Gärung   17

2. Abhängigkeit der Lebewesen von Umweltfaktoren: Autökologie   19

2.1. Kohlendioxid als abiotischer Umweltfaktor für das Pflanzenwachstum   20
2.2. Licht als abiotischer Umweltfaktor   23
2.3. Temperatur als abiotischer Umweltfaktor   24

3. Beziehungen zwischen Lebewesen: Synökologie   26

3.1. Nahrungsbeziehungen   26
3.2. Konkurrenzbeziehungen   29
3.3. Das biologische Gleichgewicht – Populationsökologie   31

4. Lebensraum und Lebensgemeinschaft: Das Ökosystem   41

4.1. Aufbau eines Ökosystems   41
4.2. Energiefluß und Materiekreislauf im Ökosystem   43
4.3. Energiefluß und Entropie in der Biosphäre   49
4.4. Sukzession im Ökosystem   52

5. Eingriffe des Menschen in die Ökosysteme   55

5.1. Das Populationswachstum des Menschen   55
5.2. Vom natürlichen Ökosystem zur Monokultur   56
5.3. Methoden der Schädlingsbekämpfung   58
5.4. Das Ökosystem See und seine Beeinflussung durch den Menschen   63
5.5. Der Verstoß gegen das Kreislaufprinzip   84
5.6. Belastung der natürlichen Stoffkreisläufe mit systemfremden Substanzen   85

Experimenteller Teil   87

Versuche zum Stoffwechsel und zur Autökologie   87

1. Abhängigkeit der Photosynthese vom Licht, Kohlendioxid und von intakten Chloroplasten   87
2. Nachweis von Stärke in den grünen Blättern belichteter Pflanzen   88
3. Herstellung eines Blattquerschnittes   89
4. Wirkung des Umweltfaktors CO_2 auf Mais- und Bohnenpflanzen   89

Versuche zur Synökologie und zum Ökosystem 91

5. Simulationsspiel zum Räuber-Beute-Verhältnis 91
6. Nachweis des CO_2/O_2 – Austausches zwischen Wasserpest und Posthornschnecke 92
7. Nachweis der Destruententätigkeit im Boden 94
8. Sukzession im Heuaufguß 95

Versuche zum Ökosystem See und seiner Beeinflussung durch den Menschen 96

9. Zur Dichteanomalie des Wassers 96
10. Zur Wärmeleitfähigkeit des Wassers 96
11. Simulation der Sommerstagnation in einem See 97
12. Simulation der Vollzirkulation in einem See 97
13. Planktonuntersuchungen 98
14. Bestimmung der Gesamtkeimzahl mit Hilfe von Eintauchtestern 99
15. Mineralisation einer Planktonprobe 100
16. Nachweis der Faulgasbildung 101
17. Beobachtung von Schlammröhrenwürmern (Tubifex) 101

Nachweismethoden für anorganische Stoffe des Wassers 102

1. Nachweis der CO_2-Konzentration des Wassers mit Hilfe von Bromthymolblau 102
2. Bestimmung der Sauerstoffkonzentration des Wassers (nach Winkler) 103
3. Bestimmung der Phosphatkonzentration im Wasser 106
4. Bestimmung anorganischer Stickstoffverbindungen im Wasser: Ammonium (NH_4^+), Nitrit (NO_2^-), Nitrat (NO_3^-) 107
5. Bestimmung der Karbonathärte (KH) 110
6. Bestimmung der Gesamthärte (GH) 110

Nachweismethoden für organische Stoffe des Wassers 110

7. Bestimmung des Verschmutzungsgrades mit Kaliumpermangant ($KMnO_4$) 110

Literaturhinweise 112
Film- und Bildmaterial 115
Saprobientafeln im Anhang 118
Register 126

Vorwort

Dieses Buch ist als Arbeitsgrundlage gedacht für den Themenbereich Ökologie und Umweltschutz in der reformierten Oberstufe der Gymnasien (Sekundarstufe II, Kollegstufe). Es entwickelt die wesentlichen Konzepte der verschiedenen Teildisziplinen und Ebenen der Ökologie (Autökologie, Populationsökologie, Synökologie) in einem sachlogischen, unterrichtlich praktikablen Aufbau. Am Beispiel der Eingriffe des Menschen in die Ökosysteme der Biosphäre werden die grundlegenden Belange des Umweltschutzes dargestellt.

Das Buch gliedert sich in zwei Teile:

Der Lehr- und Arbeitsbuch-Teil enthält Fragestellungen sowie den Fortgang der Grundthematik unter Berücksichtigung wichtiger Experimentalbefunde. In der Darstellung wurde eine enge Verbindung von Arbeitsskizzen und Text angestrebt.

Aufgaben nach den Kapiteln dienen zur Vertiefung der Kenntnisse und zur Übung der Fähigkeit, die Kenntnisse in neuen Zusammenhängen richtig anzuwenden. Als Hausaufgabe oder als Übungsaufgabe im Unterricht bieten sie Anregung für Diskussionen. Vorschläge für Referate und Literaturhinweise nach den Kapiteln dienen der Themenerweiterung und zur Übung von Vortrag und Diskussion.

Der Experimentierbuch-Teil enthält die Anleitung zur praktischen Durchführung der Experimente mit Angaben über Bedarf an Material und Reagenzien. Ferner Hinweise zur Durchführung, Auswertung und Erweiterung der Experimente.

Lindau (Bodensee), im Januar 1977   Manfred Schuster

Vorwort zur 2. Auflage

Die 2. Auflage wurde in einigen Abschnitten wesentlich erweitert. Es hat sich gezeigt, daß Grundkenntnisse in der Stoffwechselphysiologie zu einem besseren Verständnis ökologischer Zusammenhänge notwendig sind. Daher werden einleitend die Grundreaktionen des autotrophen und heterotrophen Stoffwechsels dargestellt. Im Kapitel „Eingriffe des Menschen in Ökosysteme" kommt die Problematik der Schädlingsbekämpfung zur Sprache. Ferner wird der See als Ökosystem ausführlich behandelt. Das Grundkonzept des Buches wurde beibehalten.

Lindau (Bodensee), im September 1978   Manfred Schuster

Einleitung

Definition von Ökologie

Die Menschen unseres Jahrhunderts machen von Tag zu Tag mehr die Erfahrung, daß die Lebensbedingungen auf der Erde ungünstiger werden. Für diese Entwicklung können folgende Ursachen verantwortlich gemacht werden:
Das überexponentielle Wachstum der Erdbevölkerung und die damit verbundene Verknappung der Nahrungsmittel.
Die von Jahr zu Jahr mehr ansteigende Industrieproduktion, die mit einer zunehmenden Erschöpfung der Rohstoff- und Energiequellen der Erde einhergeht;
Ferner eine rasch anwachsende Umweltbelastung als Folge der bereits genannten Ursachen.
Auch der Mensch steht als Lebewesen in besonders vielfältigen Wechselbeziehungen zu seiner Umwelt. Im Gegensatz zu den übrigen Lebewesen der Erde hat der Mensch, dank seiner technischen Fähigkeiten, seine Umwelt entscheidend verändert. So sind und waren die Nahrungsbeschaffung durch Ackerbau, Viehzucht und Fischfang, der Bau von Städten und Verkehrswegen, die Entwicklung immer modernerer Industrien stets von tiefgreifenden Umweltveränderungen begleitet.
Viel zu lange hat der Mensch seine dominierende Stellung unter den Lebewesen der Erde zu seinen Gunsten genutzt, ohne die Auswirkungen und Rückwirkungen seines Wirtschaftens auf die vielfältigen Wechselbeziehungen, die zwischen allen Lebewesen bestehen, zu bedenken. Wie lange wird er dieses Verhalten noch praktizieren können? Wie kann man die weltweit vorhandenen Umweltschäden wieder beheben? Wie wird sich z. B. der geplante Meeresbergbau auswirken? Wird eine Nutzung der tropischen Regenwälder das Klima der Erde beeinflussen? Wieviel Menschen kann die Erde noch aufnehmen?
Die *Ökologie*, die „Lehre vom Haushalt der Natur", erarbeitet die wissenschaftlichen Grundlagen, die zur Lösung dieser Probleme nötig sind.

Grundfragestellungen und Teilgebiete der Ökologie

Die Ökologie untersucht die vielfältigen Wechselbeziehungen, die zwischen den Lebewesen und ihrer Umwelt bestehen. Dabei geht es um folgende Grundfragestellungen:
1. Welche Anforderungen stellt die Umwelt an ein Lebewesen? Wie ist das Lebewesen diesen Anforderungen gewachsen? Welche Bedeutung haben einzelne Umweltfaktoren für ein Lebewesen? Welchen Einfluß kann ein Lebewesen auf seine Umwelt ausüben? (autökologische Fragestellung)
2. Welche Wechselbeziehungen gibt es unter artgleichen und zwischen artverschiedenen Lebewesen, wenn sie zur gleichen Zeit den gleichen Lebensraum besiedeln? (populationsökologische oder demökologische Fragestellung)
3. Welche Wechselbeziehungen bestehen insgesamt zwischen allen Lebewesen (der Lebensgemeinschaft) eines Lebensraumes und ihrer Umwelt? Welche chemischen

und physikalischen Änderungen erfährt der Lebensraum durch die Lebenstätigkeit seiner Bewohner? (synökologische Fragestellung)

Jedes Lebewesen steht als Einzelorganismus in Wechselwirkung mit seinem Lebensraum *(Biotop)*. Diese Wechselwirkungen untersucht die *Autökologie*. Lebewesen der gleichen Art, d. h. solche, die sich untereinander fortpflanzen können, bilden eine *Population*. Die Umweltbeziehungen einer Population sind bereits vielfältiger und komplizierter im Vergleich mit denen des Einzelorganismus. Sie werden von der *Populationsökologie* (Demökologie) erforscht.

In einem Biotop leben meist viele Populationen. Sie bilden die Lebensgemeinschaft *(Biozönose)* des betreffenden Lebensraumes. In den Lebensgemeinschaften erreichen die Wechselbeziehungen, die zwischen den Lebewesen einerseits und ihrer Umwelt andererseits bestehen, den höchsten Grad der Verflechtung. Es ist Aufgabe der *Synökologie,* diese zu untersuchen. Dazu sind autökologische und demökologische Kenntnisse erforderlich.

Überblick: Zunehmende Verflechtung der Wechselbeziehungen

```
                                    Lebensgemeinschaften
                            Populationen
                        Organismen
                Organe
           Zellen
      Organelle

                    Autökologie ⇌ Demökologie ⇌ Synökologie
                    ←─────────── ÖKOLOGIE ───────────→
```

Methoden der Ökologie

Grundkenntnisse über Aufbau und Stoffwechselvorgänge im Einzelorganismus sind Voraussetzung für das Verständnis von Zusammenhängen, die zwischen den Organismen und ihrer Umwelt bestehen.

Die Ökologie kann entweder durch Freilanduntersuchungen oder durch Laborexperimente zu Ergebnissen gelangen. Freilanduntersuchungen erlauben es, die Wechselbeziehungen einzelner Pflanzen- und Tierarten an ihrem natürlichen Standort zu untersuchen. Solche Untersuchungen sind unbedingt nötig, wenn die Gesetzmäßigkeiten, die den Umweltbeziehungen einer Lebensgemeinschaft zu Grunde liegen, erforscht werden sollen. Freilanduntersuchungen haben aber den Nachteil, daß man den Einfluß einzelner Faktoren auf das Gedeihen einer Art nicht erfassen kann.

Dafür eignen sich besonders Laboruntersuchungen. Mit ihrer Hilfe kann man die Wirkung einzelner Faktoren und das Verhalten einer Art diesen gegenüber, z. B. durch Anwendung physikalischer oder chemischer Methoden, genauer erfassen.

Bedeutung der Ökologie für den Umweltschutz

Die Ergebnisse ökologischer Forschung sind von grundlegender Bedeutung für das Verständnis und die Beurteilung der kritischen Umweltsituation, in der sich die Menschheit gegenwärtig befindet. Nur unter Beachtung ökologischer Gesetze ist es möglich, die bereits aufgetretenen Umweltschäden zu mildern oder rückgängig zu machen.

Ferner wird ein Überleben des Menschen auf der Erde davon abhängig sein, ob er in Zukunft bereit ist, seine Interessen den Erfordernissen des Umweltschutzes unterzuordnen. Sachgerechte Aussagen zu den vielen Belangen des heutigen Umweltschutzes sind nur mit Hilfe ökologischer Kenntnisse möglich. Umweltschutz ist angewandte Ökologie.

Aufgaben

1. Lesen Sie bitte folgenden Bericht über Umweltschäden.
   „Der gesamte humusreiche, saftige Boden von den höher gelegenen Ländereien gleitet unaufhörlich abwärts und verschwindet in der Tiefe. Nur das nackte Gerippe des Gebirges, dem Skelett eines Kranken gleichend, ist übrig geblieben. Der kärgliche Boden des vegetationsarmen Landes kann die jährlichen Niederschläge nicht mehr aufnehmen, sie fließen rasch in das Meer, so daß die Quellen und Bäche versiegen.
   Früher hatten die Berge bis hoch hinauf Wälder, und darüber hinaus gab es Ackerterrassen, zahlreiche Obstbäume der verschiedensten Arten und unbegrenztes Weideland für die Herden. Heute gibt es viele Berge, die nach ihrer Entwaldung nur noch die Imkerei ermöglichen. Auch fertigte man das Dachgebälk der großen Häuser aus den gesunden Baumstämmen der Bergwälder."

1.1. Welche Umweltschäden werden vom Autor in diesem Bericht beschrieben?
1.2. Welche Ursachen nennt der Autor für die Zerstörung der Landschaft? Können Sie weitere Ursachen hinzufügen?
1.3. In einer Fußnote am Ende des Registers ist der Autor dieses Umweltberichtes, die Zeit und die Landschaft, in der er lebte, genannt.
   Hat sich an der Einstellung der Menschen zu ihrer Umwelt seither etwas geändert? Begründen Sie ihre Meinung.
2.1. Welche Maßnahmen müßte man ergreifen, um den Hauptursachen der gegenwärtigen Umweltkrise zu begegnen?
2.2. Die Ökologie ist eine „interdisziplinäre Wissenschaft". Erklären Sie diesen Begriff.
2.3. Erarbeiten Sie die Autökologie des Mäusebussards. Welche Folgen hätte das Aussterben der Bussarde? Erklären Sie an diesem Beispiel den Begriff Synökologie. Lit. [41], [42], [43].
2.4. Warum muß der Ökologe Freilanduntersuchungen und Laboruntersuchungen vornehmen, um zu gesicherten Aussagen zu kommen?
2.5. Welche Bedeutung hat die Ökologie für den Umweltschutz?

1. Grundreaktionen des autotrophen und heterotrophen Stoffwechsels

1.1. Lebewesen und unbelebte Materie

Lebewesen zeichnen sich gegenüber der unbelebten Materie durch das gemeinsame Auftreten einer Reihe von funktionellen und strukturellen Merkmalen aus:

Grundfunktionen von Lebewesen

Alle Lebewesen *wachsen* und *vermehren* sich, *reagieren auf Reize* und *bewegen* sich. Dazu benötigen sie neben der *genetischen Information Stoffe* und *Energie* aus der Umgebung, die sie im sog. *Stoff- und Energiewechsel* in ihrem Körper umsetzen. Dabei fließt ein ständiger Strom von Material und Energie durch das Lebewesen, das sich im Zustand eines sog. *Fließgleichgewichts* befindet, welches durch Vorgänge der *Selbstregulation* aufrechterhalten und gegen Störungen abgesichert wird.

Chemische Zusammensetzung

Die chemische Analyse der Körpersubstanz von Lebewesen ergibt, daß sie neben *Wasser* (70–90%), *anorganischen Ionen*, *Vitaminen* und *Hormonen* sich im wesentlichen aus energiereichen organischen Stoffen der folgenden Klassen aufbauen:
Nucleinsäuren (Träger der genetischen Information)
Proteine (vorwiegend Baustoffe und Enzyme)
Kohlenhydrate (Betriebsstoffe zur Energiegewinnung, Zellulose als Pflanzen-Bausteine)
Lipide (Fette als Reservebetriebsstoffe, Lipoide als Membranbaustoffe)

Zellstruktur

Das Lichtmikroskop zeigt, daß alle Lebewesen aus einer oder vielen Zellen aufgebaut sind. Die Zelle ist die kleinste Einheit, an der sich sämtliche Grundfunktionen von Lebewesen nachweisen lassen. Das Elektronenmikroskop offenbart gemeinsame Strukturen in den verschiedensten Zellen.
Durch Zertrümmern (Homogenisieren) der Zellen kann man einzelne Zellbestandteile, die sog. Organellen, freisetzen, durch Zentrifugieren des sog. Homogenats kann man sie trennen, und durch chemische Untersuchungen kann man die Funktion der einzelnen Organellen erforschen.
Es gibt zwei grundsätzlich verschiedene Zelltypen: Die kleinere *Protocyte* der Bakterien und Blaualgen mit wenig Organellen und die größere *Eucyte* der Pflanzen und Tiere mit einer Reihe spezieller Organellen:

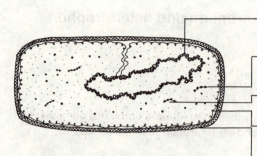

Kernäquivalent, Nucleoid, ringförmiges Chromosom aus blanker Nucleinsäure als Informationsträger

Ribosomen im Cytoplasma als Stätten der Proteinsynthese

Cytoplasma, ohne membranumgrenzte Organelle

Plasmamembran, mit Enzymen für die Zellatmung

Zellwand aus einem Kohlenhydrat-Protein-Geflecht

Abb. 10.1. Bakterienzelle, Schema

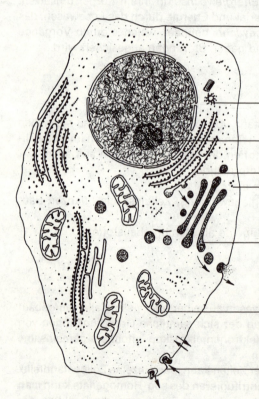

Zellkern, Nucleus, mit doppelter, porendurchsetzter Membran umgebener Zellbezirk, welcher die aus Nucleinsäure (DNS) und Protein (Histon) aufgebauten Chromosomen in Gestalt eines Chromatingeflechts enthält. Informations- und Steuerzentrale.

Centriole, zwei zylindrische Körperchen aus Mikrofibrillen leiten die Kernteilung ein.

Kernkörperchen, Nucleolus, Kernbezirk, in dem die Ribosomen gebildet werden.

Ribosomen, Körnchen aus Nucleinsäure (RNS) und Protein, frei im Cytoplasma oder gebunden an das Lamellensystem des *endoplasmatischen Reticulum* sind die Stätten der Proteinsynthese.

Dictyosom, Lamellensystem, sammelt Proteine (Enzyme) und schnürt sie als *Lysosomen*-Bläschen zum Abbau von Zellstrukturen nach innen ab oder scheidet sie durch Exocytose als Sekret nach außen ab.

Mitochondrien, längliche Bläschen mit doppelter, innen gefalteter Membran, sind die Stätten der Energiegewinnung durch Zellatmung.

Plasmamembran vermittelt den Stoffaustausch durch Diffusion, Endocytose (Aufnahme von festen und flüssigen Stoffen) und Exocytose (Abgabe von festen und flüssigen Stoffen).

Abb. 10.2. Tierzelle, Schema

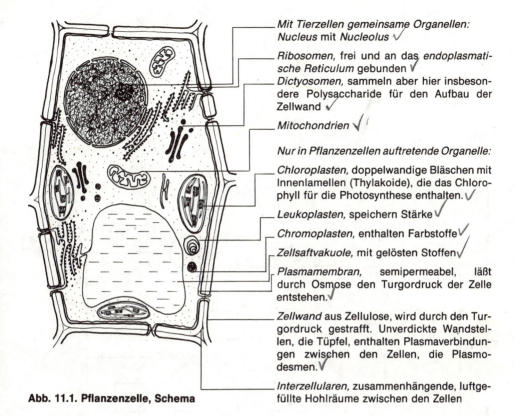

Abb. 11.1. Pflanzenzelle, Schema

Mit Tierzellen gemeinsame Organellen:
Nucleus mit *Nucleolus*

Ribosomen, frei und an das *endoplasmatische Reticulum* gebunden

Dictyosomen, sammeln aber hier insbesondere Polysaccharide für den Aufbau der Zellwand

Mitochondrien

Nur in Pflanzenzellen auftretende Organelle:

Chloroplasten, doppelwandige Bläschen mit Innenlamellen (Thylakoide), die das Chlorophyll für die Photosynthese enthalten.

Leukoplasten, speichern Stärke

Chromoplasten, enthalten Farbstoffe

Zellsaftvakuole, mit gelösten Stoffen

Plasmamembran, semipermeabel, läßt durch Osmose den Turgordruck der Zelle entstehen.

Zellwand aus Zellulose, wird durch den Turgordruck gestrafft. Unverdickte Wandstellen, die Tüpfel, enthalten Plasmaverbindungen zwischen den Zellen, die Plasmodesmen.

Interzellularen, zusammenhängende, luftgefüllte Hohlräume zwischen den Zellen

1.2. Produzenten und Konsumenten

Die gesamte Energie, die in Organismen verwendet wird, stammt letztlich von der Sonne: Die grünen Pflanzen absorbieren die Strahlungsenergie im Chlorophyll und bilden durch die *Photosynthese* oder *CO_2-Assimilation* aus Kohlendioxid und Wasser energiereiche organische Stoffe sowie Sauerstoff. Die Stoffe verwenden sie zum Aufbau ihres Körpers und zur Energieversorgung für ihre Lebensvorgänge. Man bezeichnet die grünen Pflanzen deshalb als die *Produzenten* im Ökosystem und nennt ihre Ernährungsweise *autotroph*.

Alle anderen Lebewesen sind direkt (Pflanzenfresser) oder indirekt (Fleischfresser) von der Stoffproduktion der grünen Pflanzen abhängig. Sie nehmen diese Stoffe auf und gewinnen daraus die Baustoffe und die Energie für den eigenen Körper. Man bezeichnet Tiere und Menschen wegen ihrer Abhängigkeit von der Stoffproduktion der Pflanzen als die *Konsumenten*, Pilze und Bakterien wegen ihrer spezifischen Leistungen beim Abbau toter organischer Substanzen als die *Destruenten* im Ökosystem und bezeichnet beider Ernährungsweise als *heterotroph*.

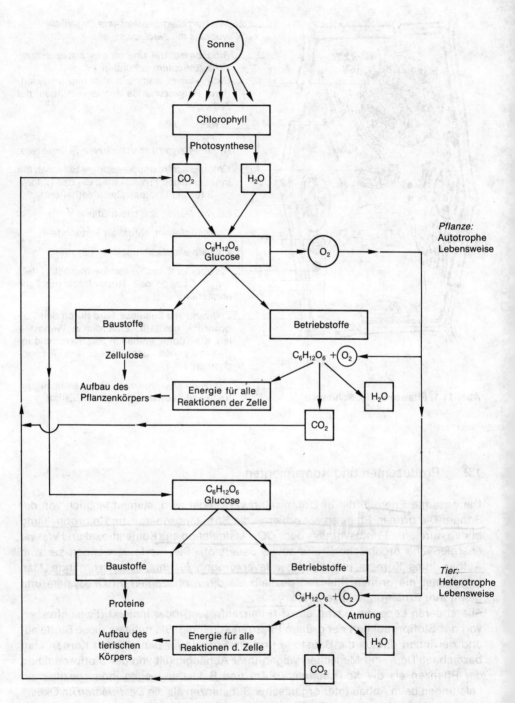

Abb. 12.1. Schema zur autotrophen und heterotrophen Lebensweise bei Pflanzen und Tieren

Die Mobilisierung der in den Produkten der Photosynthese gespeicherten, zum Betreiben der Lebensvorgänge notwendigen Energie erfolgt bei den autotrophen Pflanzen und den heterotrophen Lebewesen durch denselben Vorgang der *Atmung* oder *biologischen Oxidation*. Daneben wird Energie auch ohne Beteiligung von Sauerstoff gewonnen. Alle organischen Substanzen, die als Baustoffe und Energieträger bei Pflanzen und Tieren eine Rolle spielen, bezeichnet man als *Biomasse*.

1.3. Photosynthese

Ausgangsstoffe, Endstoffe und Strukturen, die an der Photosynthese beteiligt sind

Bringt man frische, grüne Sprosse der Wasserpest in ein mit Wasser gefülltes Reagenzglas und belichtet, so kann man schon nach kurzer Zeit an allen grünen Pflanzenteilen die Entwicklung kleiner Gasblasen beobachten. Eine Untersuchung des Gases zeigt, daß es sich um *Sauerstoff* handelt. Die Sauerstoffbildung hört nach einiger Zeit auf. Erst wenn man durch das Wasser einige Blasen *Kohlendioxid* hindurchleitet oder etwas Kaliumhydrogenkarbonat ($KHCO_3$) zugibt, kann man über längere Zeit eine kontinuierliche Sauerstoffentwicklung beobachten.

V 1 S. 87

Belichtet man junge Bohnenpflanzen und entzieht dann ihren Blättern mit Alkohol das Chlorophyll, so kann man feststellen, daß sie sich beim Einlegen in Jodlösung blau färben. Diese Blaufärbung ist auf die bei der Photosynthese in den Blättern gebildete *Stärke* zurückzuführen. (Das erste Reaktionsprodukt der Photosynthese ist die wasserlösliche Glucose. Aus ihr bildet sich dann die hochmolekulare Stärke.)

V 2 S. 88

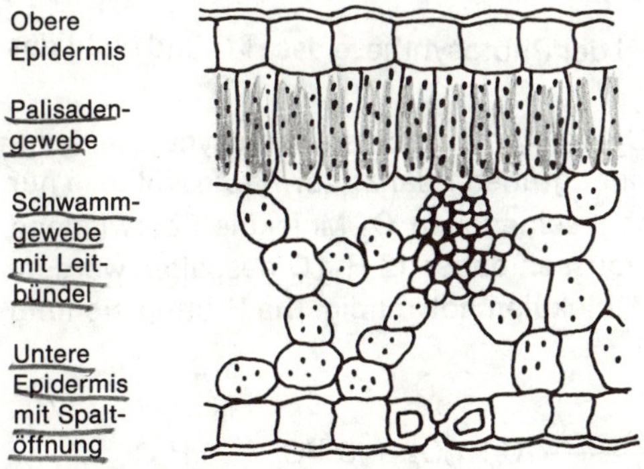

Obere Epidermis

Palisadengewebe

Schwammgewebe mit Leitbündel

Untere Epidermis mit Spaltöffnung

Abb. 13.1. Blattquerschnitt

Die Photosynthese findet in allen grünen Pflanzenteilen, besonders aber in den Blättern statt. Sie ist an die *Chlorophyllkörner* (Chloroplasten) gebunden. Stellt man einen sehr dünnen Querschnitt von einem Blatt her und betrachtet ihn im Mikroskop, so sieht man, daß die Zellen des Palisadengewebes besonders viele Chloroplasten enthalten. Das Kohlendioxid gelangt durch die Spaltöffnungen in das Blatt. Die Leitbündel führen dem Blatt das zur Photosynthese nötige Wasser zu und transportieren besonders nachts die entstandenen Photosyntheseprodukte ab.

V 3 S. 89

Grundprozesse der Photosynthese

Alle Stoffwechselreaktionen, die sich in den pflanzlichen und tierischen Zellen abspielen, sind nur in Gegenwart von Enzymen möglich. Enzyme können reine Eiweißstoffe sein. Ihre Wirkungsweise verdanken sie aber oft einer speziellen Atomgruppe, dem Coenzym. Dieses hat keine Eiweißstruktur und ist reversibel an den Proteinteil des Enzyms gebunden. Enzyme haben Katalysatorfunktion, d. h. sie erniedrigen die Aktivierungsenergie der chemischen Reaktionen, so daß sie bei den in den Zellen herrschenden Temperaturen hinreichend rasch ablaufen können.

Für den Ablauf der Photosynthese benötigt die Pflanze Licht, Wasser, Kohlendioxid und Chlorophyll; sie bildet daraus Stärke und Sauerstoff. Da die gebildete Stärke aus Glucose hervorgegangen ist, könnte man zunächst folgende Bruttogleichung für den Photosyntheseprozeß angeben:

$$6\ CO_2 + 6\ H_2O \xrightarrow{\frac{\text{Lichtenergie}}{\text{Chlorophyll}}} C_6H_{12}O_6 + 6\ O_2$$

Die C-Atome der entstandenen Glucose stammen aus dem CO_2. Damit scheint gleichzeitig auch die O_2-Bildung geklärt zu sein. Nach der obigen Bruttogleichung könnte der bei der Photosynthese gebildete Sauerstoff aus dem CO_2-Molekül stammen. Zwei wichtige Beobachtungen zeigen aber, daß der Photosyntheseprozeß ganz anders abläuft.

Purpurbakterien verwenden zum Aufbau von Glucose nicht Wasser, sondern Schwefelwasserstoff (H_2S). Als Endprodukt dieses Vorgangs entsteht neben der Glucose auch Schwefel, jedoch kein Sauerstoff, obwohl auch CO_2 an der Reaktion beteiligt ist.

$$6\ CO_2 + 12\ H_2S \xrightarrow{\text{Purpurbakterien}} C_6H_{12}O_6 + 12\ S + 6\ H_2O$$

Dies legt die Vermutung nahe, daß auch bei der Photosynthese das H_2O und nicht das CO_2 als O_2-Lieferant auftritt.

Einen wichtigen Beitrag zur Klärung des O_2-Problems brachten Photosyntheseversuche mit dem Sauerstoffisotop ^{18}O. Steht einer grünen Pflanze zur Photosynthese nur $H_2^{18}O$ zur Verfügung, so enthalten die abgeschiedenen O_2-Moleküle überwiegend dieses Isotop. Für die Bildung von $6\ ^{18}O_2$ müssen daher $12\ H_2^{18}O$ gespalten werden. Dies macht ferner die Bildung von $6\ H_2O$ Molekülen notwendig. Die Bruttogleichung für die Photosynthese muß daher lauten:

$$6\ CO_2 + 12\ H_2^{18}O \xrightarrow{\frac{\text{Lichtenergie}}{\text{Chlorophyll}}} C_6H_{12}O_6 + 6\ ^{18}O_2 + 6\ H_2O$$

In ihr kommt nun zum Ausdruck, daß bei der Photosynthese einerseits Glucose, andererseits durch Wasserspaltung Sauerstoff gebildet wird.

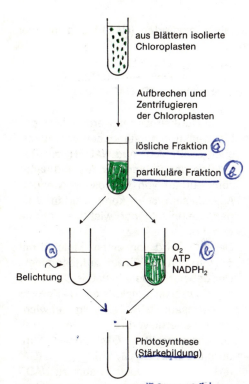

Abb. 15.1. Schema zur Chloroplastenzentrifugierung

Die Bruttogleichung der Photosynthese ist eine Zusammenfassung des sehr komplexen Reaktionsgeschehens in den Chloroplasten der Pflanzen. Isoliert man z. B. aus den Zellen von Spinatblättern Chloroplasten, bringt sie auf osmotischem Wege zum Platzen und zentrifugiert, so erhält man eine chlorophyllhaltige partikuläre Fraktion und eine farblose lösliche Fraktion.

Bei getrennter Belichtung der beiden Fraktionen zeigt sich, daß in keiner von beiden Stärkebildung möglich ist. In der belichteten partikulären Fraktion kommt es jedoch zur Sauerstoffbildung, ferner findet man als Zwischenprodukte der Photosynthese ATP und $NADPH_2$. Überträgt man diese Stoffe in die lösliche Fraktion, so entsteht dort auch im Dunkeln und in Gegenwart von Kohlendioxid Stärke.

Der Photosyntheseprozeß setzt sich aus zwei wichtigen Teilabschnitten zusammen: aus der *Lichtreaktion* und der *Dunkelreaktion*.

Die Lichtreaktion

Die Aufnahme der Lichtenergie während der Lichtreaktion erfolgt durch die Chlorophyllmoleküle. Dabei werden Elektronen dieser Moleküle auf höhere Energieniveaus gehoben, so daß diese Moleküle aus ihrem Grundzustand in einen angeregten Zustand übergehen. Die dabei entstandenen energiereichen Elektronen werden in verschiedenen Elektronentransportketten übertragen. Auf ihrem Weg geben sie einen Teil ihrer Energie ab. Dadurch kommt es zum Aufbau der energiereichen Verbindung ATP.

$$ADP + \text{\textcircled{P}} \xrightarrow{\text{energiereiche Elektronen}} ATP$$

Die Spaltung der Wassermoleküle mit Hilfe von Lichtenergie (Photolyse des Wassers) ist ein Teilvorgang der Lichtreaktion. Der dabei entstehende Wasserstoff wird nicht wie der Sauerstoff in molekularer Form frei, sondern an ein Coenzym, das NADP,

---

NADP *N*icotinamid*a*denin*d*i*n*ucleotid*p*hosphat
ATP   *A*denosin*tri*phosphat, ADP = *A*denosin*di*phosphat, ⓟ = Phosphat

gebunden. Dieses Coenzym liegt daher in einer oxidierten (NADP) und in einer reduzierten (NADPH$_2$) Form in der Zelle vor.

$$NADP + H_2O \rightleftharpoons NADPH_2 + \frac{1}{2} O_2$$

In der Lichtreaktion der Photosynthese entstehen daher: ATP, NADPH$_2$, O$_2$.

Die Dunkelreaktion

In der Dunkelreaktion werden die in der Lichtreaktion entstandenen energiereichen Stoffe ATP und NADPH$_2$ zur Reduktion des Kohlendioxides und damit zum Aufbau von Glucose verwendet. Aus diesem sehr komplizierten Vorgang seien folgende wichtige Schritte genannt:

Das CO$_2$ wird von einem Molekül mit 5 C-Atomen (C$_5$-Körper) aufgenommen. Der dabei gebildete instabile C$_6$-Körper zerfällt in zwei Moleküle des C$_3$-Körpers Glycerinsäure (GS). Nun folgt der wichtigste energieverbrauchende Schritt der Dunkelreaktion: Glycerinsäure wird durch NADPH$_2$ zu Glycerinaldehyd (GA) reduziert. Dieses wird dabei zu NADP oxidiert und kehrt in die Lichtreaktion zurück. Die Energie für diese Redoxreaktion liefert das ATP.

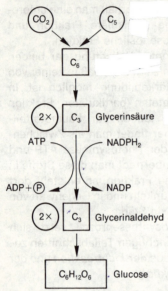

Abb. 16.1. Schema zur Dunkelreaktion

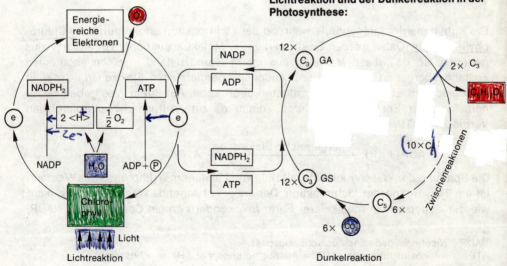

Abb. 16.2. Zusammenhang zwischen der Lichtreaktion und der Dunkelreaktion in der Photosynthese:

Im Jahre 1974 entstanden durch die Photosynthesetätigkeit der Pflanzen auf der Erde etwa 155 Milliarden Tonnen organische Trockensubstanz. Sie besteht vorwiegend aus Kohlenhydraten, aber auch Proteinen und Fetten, die von den Pflanzen aus den Kohlenhydraten gebildet werden.

Aufgaben

1. Erklären Sie anhand eines Schemas die Begriffe Autotrophie und Heterotrophie.
2. Formulieren Sie die Bruttogleichung der Photosynthese mit $C^{18}O_2$.
3. Verfolgen Sie den Weg der Elemente C, H und O durch die verschiedenen Reaktionen der Photosynthese.

1.4. Atmung und Gärung

Die heterotrophen Organismen leben von den energiereichen organischen Verbindungen, die von den Pflanzen in der Photosynthese aufgebaut werden. Um die Energie aus diesen Verbindungen freizusetzen, müssen sie im Stoffwechsel der heterotrophen Lebewesen mit Hilfe von Enzymen umgewandelt und abgebaut werden.

In den Zellen der höheren Lebewesen erfolgt die Energiefreisetzung mit Hilfe von Sauerstoff. Man bezeichnet daher ihren Energiestoffwechsel als Atmung oder biologische Oxidation. Die niederen Lebewesen können ohne Sauerstoff, d. h. durch *anaeroben Abbau* oder Gärung, aus organischen Verbindungen Energie gewinnen.

Atmung (biologische Oxidation)

Zunächst werden die Nahrungsstoffe z. B. Kohlenhydrate, Fette und Proteine verdaut. Dabei entstehen aus den Kohlenhydraten Glucose, aus den Fetten Glycerin und Fettsäuren und aus den Proteinen Aminosäuren. Diese im Verdauungsprozeß gebildeten Grundbausteine gelangen bei den höheren Lebewesen mit dem Blut in die Zellen.

Zertrümmert man tierische Zellen und zentrifugiert das entstandene Gemenge der Zellbestandteile, so läßt sich eine Fraktion mit länglichen, fadenförmigen Bläschen, die Mitochondrien, abscheiden. Die chemische Untersuchung der Mitochondrien hat ergeben, daß sich in ihnen die energieliefernden Reaktionen der biologischen Oxidation vollziehen. Ein charakteristisches Endprodukt der Zellatmung ist das Kohlendioxid. Man kann es leicht nachweisen, in dem man die ausgeatmete Luft durch Calciumhydroxid hindurchleitet.

Der aerobe Abbau z. B. der Glucose, der in den Zellen am häufigsten vorkommt, kann durch folgende Summengleichung beschrieben werden:

$$C_6H_{12}O_6 + 6\,O_2 \longrightarrow 6\,CO_2 + 6\,H_2O$$

Diese Reaktion kann bei Umsetzung von 1 Mol Glucose theoretisch 2825 kJ Energie liefern. Die Zellen können allerdings nur einen Teil dieser Energie für ihren Stoffwechsel nutzen. Neben der Glucose können auch Fette und Proteine zur aeroben Energiegewinnung in der Zelle herangezogen werden.

In der Abb. 18.1. sind die wichtigsten Reaktionsschritte des aeroben Energiestoffwechsels am Beispiel der Glucose dargestellt.

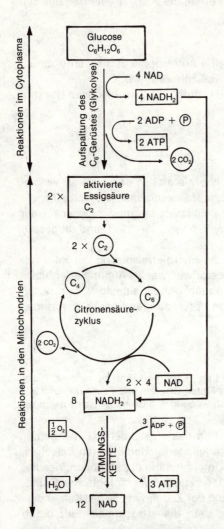

Abb. 18.1. Schema zum aeroben Abbau der Glucose

Das Glucosemolekül verfügt über 6 Kohlenstoffatome (C_6-Körper). Sein C-Gerüst wird über mehrere Reaktionsschritte in 2 C_2 und 2 C_1-Stücke zerlegt. Die C_2-Stücke erscheinen später als *aktivierte Essigsäure* im Zellstoffwechsel, die C_1-Stücke verlassen in Form von Kohlendioxid die Zelle. Sie werden vom Blut in die Atmungsorgane transportiert und ausgeschieden.

Die bei der Zerlegung des C-Gerüstes der Glucose entstehenden H-Atome werden an ein Coenzym gebunden. In den tierischen Zellen übernimmt diese Aufgabe das NAD. Gleichzeitig werden bei der Umwandlung der Glucose in aktivierte Essigsäure 2 Moleküle ATP aufgebaut. Dadurch wird ein Teil der chemischen Energie des Glucosemoleküls auf ADP-Moleküle übertragen, die dabei zu ATP phosphoriliert werden.

Die aktivierte Essigsäure tritt nun im weiteren Verlauf des Zellstoffwechsels in einen wichtigen Kreisprozeß ein: Sie verbindet sich mit einem C_4-Molekül zu einem neuen C_6-Körper, der chemisch der Citronensäure entspricht (Citronensäurezyklus). Aus dem C_6-Körper werden bei einem Umlauf 4 $NADH_2$-Einheiten gebildet. Durch Abgabe von 2 CO_2-Molekülen wird der C_4-Körper regeneriert, und der Kreislauf beginnt mit aktivierter Essigsäure von neuem.

Die eigentliche Energiequelle der Zelle ist der im $NADH_2$ gebundene Wasserstoff. Er wird in mehreren aufeinanderfolgenden Reaktionsschritten durch den vom Blut in die Zelle transportierten Atmungssauerstoff zu Wasser oxidiert. Man bezeichnet daher diese energieliefernden Reaktionsschritte als *Atmungskette*. Sie liefert der Zelle ATP und Wärme. Es hat sich gezeigt, daß pro Wassermolekül etwa 3 ATP-Moleküle aufgebaut werden. Insgesamt lassen sich die chemischen Vorgänge in der Atmungskette vereinfacht durch folgende Summenformel darstellen:

$$NADH_2 + 3\ ADP + 3\ \text{\textcircled{P}} + \tfrac{1}{2} O_2 \longrightarrow NAD + 3\ ATP + H_2O$$

Unter Berücksichtigung der ATP-Bildung läßt sich der aerobe Abbau der Glucose in folgender Summengleichung ausdrücken:

$$C_6H_{12}O_6 + 6\ O_2 + 38\ ADP + 38\ \text{\textcircled{P}} \longrightarrow 6\ H_2O + 6\ CO_2 + 38\ ATP$$

NAD = *N*icotinamid*a*denin*d*inukleotid

Anaerober Abbau

Viele Mikroorganismen z. B. Bakterien und Hefen aber auch die Muskelzellen der höheren Lebewesen können ohne Sauerstoff in ihrem Zellstoffwechsel Energie gewinnen. Weit verbreitet ist der anaerobe Energiegewinn durch alkoholische Gärung oder Milchsäuregärung. Sie lassen sich durch folgende Bruttogleichungen darstellen:

$$C_6H_{12}O_6 + 2\ ADP + 2\ \textcircled{P} \xrightarrow{\text{Hefe}} 2\ C_2H_5OH + 2\ CO_2 + 2\ ATP$$
$$\text{Ethanol}$$

$$C_6H_{12}O_6 + 2\ ADP + 2\ \textcircled{P} \xrightarrow{\text{Milchsäure-bakterien}} 2\ CH_3CH(OH)COOH + 2\ ATP$$
$$\text{Milchsäure}$$

Dieser anaerobe Abbau liefert der Zelle nur 2 ATP Moleküle pro umgesetzten Glucosenmolekül.

Aufgaben

1. Welche Bedeutung hat die CO_2-Bildung und die H_2O-Bildung für die Energiegewinnung im aeroben Stoffwechsel?
2. Erklären Sie mit Hilfe von Skizzen, wie auf aerobem und anaerobem Wege Energie gewonnen werden kann. Vergleichen Sie die ATP-Ausbeute beider Vorgänge.
Wieviel Glucosemoleküle müßte ein Milchsäurebakterium umsetzen, um genau soviel ATP zu gewinnen wie im aeroben Stoffwechsel aus einem Glucosemolekül ATP gebildet wird?

2. Abhängigkeit der Lebewesen von Umweltfaktoren: Autökologie

Spricht man von der Umwelt eines Lebewesens, so denkt man dabei meist an seinen Lebensraum, z. B. beim Reh an einen Wald oder beim Karpfen an einen See. Doch Raum allein ist nur eine Voraussetzung für Lebewesen, um leben zu können. Darüber hinaus müssen noch eine Reihe von materiellen und energetischen Voraussetzungen vorhanden sein.
Die verschiedenen materiellen und energetischen Faktoren, die eine Pflanze oder ein Tier in einem Lebensraum vorfinden muß, um leben zu können, bezeichnet man als *Umweltfaktoren*. Die Summe der lebenswichtigen Umweltfaktoren bildet die *Umwelt* eines Lebewesens.

Die in einem Lebensraum auf die Organismen wirkenden Umweltfaktoren kann man in abiotische und biotische Faktoren gliedern.

Abiotische Faktoren entstammen der unbelebten Umwelt eines Lebewesens. Sie sind physikalischer oder chemischer Natur wie z. B. das Sonnenlicht, die Temperatur, der Sauerstoffgehalt oder der Salzgehalt des Wassers, die Bodenfeuchtigkeit, der Salzgehalt des Bodens, die Windverhältnisse oder der Kohlendioxidgehalt der Luft.

Biotische Faktoren entstammen der belebten Umwelt des Lebewesens. Sie können, je nachdem, ob ihr Einfluß von Individuen der eigenen Art oder einer fremden Art ausgeht, in *intra-* oder *interspezifische* Faktoren eingeteilt werden.

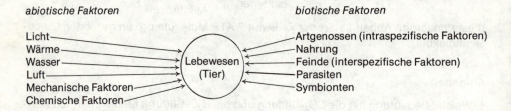

Abb. 20.1. Abiotische und biotische Umweltfaktoren

Die Autökologie beschäftigt sich bevorzugt mit den Wirkungen abiotischer Umweltfaktoren auf Lebewesen. Eine exakte Unterscheidung von abiotischen und biotischen Faktoren ist allerdings oft nicht möglich. So kann Wärme z. B. als abiotischer Faktor durch hohe Sonneneinstrahlung verursacht sein. Sie kann aber auch biotischen Ursprungs sein, wenn Tiere durch eigene Körperwärme ein »wärmeres Klima« erzeugen.

Aufgaben

1. Gliedern Sie die in der Abb. 20.1. genannten Gruppen von abiotischen Umweltfaktoren weiter auf.
2. Nennen Sie Beispiele für Lebensräume, die besonders charakteristische Umweltfaktoren aufweisen.

2.1. Kohlendioxid als abiotischer Umweltfaktor für das Pflanzenwachstum

Will man die Wirkung von Umweltfaktoren auf Lebewesen erforschen, so läßt man, z. B. in einem Laboratoriumsversuch, einige Individuen der zu untersuchenden Art unter Lebensbedingungen gedeihen, die ihrem natürlichen Standort entsprechen.

Dann variiert man den Umweltfaktor, den man untersuchen will, während man die anderen unverändert konstant hält und beobachtet Reaktionen der Organismen. Bei Pflanzen können die Photosyntheserate, bei Tieren können Ortsbewegungen oder bei beiden das Wachstum oder die Vermehrungsrate als Reaktion gemessen werden.

So kann man junge Mais- und Bohnenpflanzen in abgeschlossenen Luftvolumina wachsen lassen, in denen die für diese Pflanzen wichtigen Umweltfaktoren Licht, Wasser, Temperatur, Boden und Kohlendioxidgehalt *optimal* gehalten werden. Nun ändert man den Umweltfaktor Kohlendioxid, dessen natürliche Konzentration in der Luft 0,03 Volumenprozent beträgt, indem man sie einmal unter diesen Wert erniedrigt (<0,03%) und einmal über diesen erhöht (>0,03%) Versuch 4).

V 4
S. 89

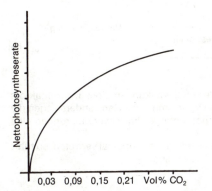

Abb. 21.1. Abhängigkeit der Photosyntheserate vom CO$_2$-Gehalt der Luft bei optimaler Beleuchtung (Bohne)

Mais und Bohne reagieren recht verschieden auf die Änderung des Umweltfaktors Kohlendioxid. Während die Bohne bei erniedrigter Kohlendioxidkonzentration ihr Wachstum rasch einstellt und nach wenigen Tagen abstirbt (Atmung überwiegt Photosynthese, s. Stoffwechselphysiologie S. 14), vermag die Maispflanze die geringe Kohlendioxidkonzentration zu tolerieren. Ihr Wachstum ist lediglich verlangsamt. Bei Kohlendioxidkonzentrationen, die etwas über dem natürlichen Kohlendioxidgehalt der Luft liegen (ca. 0,2%), zeigen beide Pflanzen ein deutlich vermehrtes Wachstum. Sehr hohe Kohlendioxidkonzentrationen sind von beiden Pflanzen nicht tolerierbar.

Es gibt also eine *Minimal-* und eine *Maximal*konzentration des Kohlendioxids, die das Wachstum der Mais- und Bohnenpflanzen begrenzen. Interessant ist, daß die *limitierend* wirkende Minimalkonzentration des Kohlendioxids für die beiden Pflanzen verschieden ist. Die Maispflanze kann noch bei niedrigsten Kohlendioxidkonzentrationen leben, die für die Bohne schon außerhalb ihres Toleranzbereichs liegen. Zwischen den beiden Extremwerten der Kohlendioxidkonzentrationen liegt ein *Optimal*bereich, bei dem beide Pflanzen sehr gut gedeihen.

Mais und Bohne verfügen gegenüber dem Umweltfaktor Kohlendioxid über einen bestimmten Toleranzbereich, innerhalb dessen sie Schwankungen der Kohlendioxidkonzentration ertragen können. Die im Toleranzbereich zum Ausdruck kommende Anpassungsfähigkeit eines Lebewesens an unterschiedliche Grade eines bestimmten Umweltfaktors bezeichnet man als *ökologische Valenz*. Sie ist bei jeder Art genetisch festgelegt.
Umweltfaktoren haben für einen Organismus einen minimalen und einen maximalen Toleranzwert. Im Bereich beider Grenzwerte sind die Lebensbedingungen für die betreffende Art gleich ungünstig. Diese Bereiche stellen das *Pessimum* der Lebensbedingungen für die betreffende Art dar. Zwischen den Pessimalbereichen liegt der Optimalbereich (Abb. 22.1.).

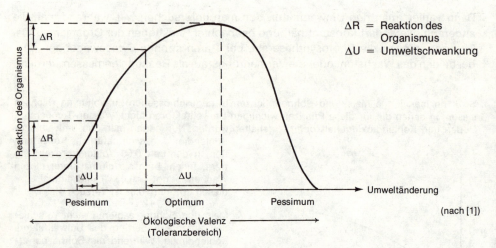

Abb. 22.1. Toleranzkurve eines Umweltfaktors. Größere Schwankungen eines Umweltfaktors lösen im Optimumbereich nur geringe Reaktionen des Organismus aus. Ganz anders liegen die Verhältnisse in den Pessimalbereichen. Hier haben schon geringe Umweltveränderungen eine große Wirkung auf das Lebewesen.
Sind in einem Biotop die für eine Art lebenswichtigen Umweltfaktoren optimal vertreten, so führt dies zu einer besonders kräftigen Entwicklung dieser Lebewesen.

Euryökie und Stenökie

Im Versuch wurde gezeigt, daß Mais und Bohne auf Minimalkonzentrationen des Umweltfaktors Kohlendioxid recht verschieden reagieren. Geringe CO_2-Konzentrationen, die für die Bohne schon außerhalb ihres Toleranzbereiches liegen, kann die Maispflanze noch zum Leben nutzen. Der Mais verfügt daher gegenüber dem Umweltfaktor CO_2 über einen breiteren Toleranzbereich, d. h. über eine größere ökologische Valenz, als die Bohne. Ähnliche Verhältnisse findet man bei vielen anderen Lebewesen mit anderen Umweltfaktoren.

Bachforellen lieben kaltes Wasser, dessen Temperatur etwa 15 °C nicht übersteigen darf, während Karpfen sehr unterschiedliche Temperaturbereiche ertragen können. Arten, die gegenüber vielen Umweltfaktoren einen großen Toleranzbereich aufzuweisen haben, bezeichnet man als *euryök,* während Organismen mit engen Toleranzbereichen *stenök* genannt werden.

Die ökologische Valenz eines Lebewesens gegenüber einem bestimmten Umweltfaktor kann sich im Verlaufe der Entwicklung des Lebewesens ändern. So können z. B. Jungtiere oder Larven gegenüber einem Umweltfaktor eine andere ökologische Valenz haben als die erwachsenen Tiere derselben Art.

Während euryöke Arten in vielen verschiedenen Biotopen der Erde leben können, sind stenöke Arten stets an bestimmte Lebensräume gebunden und können als deren Leitformen gelten.

Umweltfaktor	Benennung	Beispiele–Verbreitung
Temperatur	eurytherm	Seerose (Aktinia); Arktis – Tropen
	kaltstenotherm	Strudelwurm (Planaria), Forelle; Quellen und Oberlauf der Bäche
	warmstenotherm	Riffkorallen; warme Meere oberhalb 20
		Sardinenfische; warme Meere unterhalb 20
Salzgehalt des Wassers	euryhalin	Stichling, Wanderfische (Lachs, Stör, Aal)
	stenohalin	Hering; Nordsee
		fast alle Meerestiere
Nahrung	euryphag	Allesfresser, z. B. Schwein, Krähe
	stenophag	Fichtenkreuzschnabel, Parasiten

Tab. 23.1. Beispiele für Euryökie und Stenökie

Wirkungsgesetz der Umweltfaktoren.

Die jungen Bohnenpflanzen in Versuch 4 wurden in ihrem Wachstum um so stärker behindert, je mehr sich der Umweltfaktor Kohlendioxid dem Minimum näherte. Dieser Vorgang wurde durch die anderen, im Experiment optimal gehaltenen Umweltfaktoren nicht beeinflußt. Eine ähnliche Beobachtung machte schon Liebig 1840. Er stellte fest, daß das Pflanzenwachstum stets von jenem Nährsalz begrenzt wird, dessen Konzentration am weitesten von der optimalen Konzentration entfernt ist.

Die Häufigkeit einer Art in einem bestimmten Biotop wird daher von denjenigen lebenswichtigen Umweltfaktoren bestimmt, die vom Optimum am weitesten entfernt liegen. Dieser Zusammenhang wird als Wirkungsgesetz der Umweltfaktoren bezeichnet. Berücksichtigt man die beiden Pessimalbereiche der Toleranzkurve der Umweltfaktoren, so kann man das Wirkungsgesetz auch so formulieren:

> *Die im Pessimalbereich liegenden Umweltfaktoren begrenzen den Lebensraum einer Art.*

2.2. Licht als abiotischer Umweltfaktor

Licht dient den Pflanzen als Energiequelle für die Photosynthese. Wachstum und Entwicklung der Pflanzen werden durch die Lichtintensität, die zeitliche Verteilung des Lichts und die spektrale Zusammensetzung des Lichtes weitgehend beeinflußt. Viele Pflanzen ertragen das volle Sonnenlicht. Man bezeichnet sie daher als *Sonnenpflanzen*. Zu ihnen gehören z. B. viele Gebirgspflanzen oder Laubbäume, die die Kronenschicht der Laubwälder ausbilden. Von ihnen unterscheiden sich die *Schattenpflanzen*, die kein volles Sonnenlicht ertragen können (Referat 1).

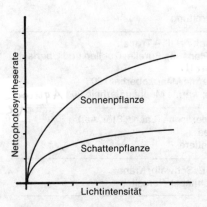

Abb. 24.1. Abhängigkeit der Photosyntheserate von der Lichtintensität bei Sonnenpflanzen und Schattenpflanzen

Es gibt Pflanzenarten, die nur zur Blüte gelangen, wenn sie weniger als 12 Stunden pro Tag dem Licht ausgesetzt sind. Andere Pflanzen brauchen eine Tageslichtperiode, die mehr als 12 Stunden betragen muß. Man unterscheidet daher Kurztagpflanzen von Langtagpflanzen (Referat 2).

Allen Tieren mit Lichtsinnesorganen dient das Sonnenlicht zur Orientierung in ihrem Lebensraum. Aber auch der jahreszeitliche Wechsel der Tageslänge übt auf Tiere einen Einfluß aus. So vergrößern sich z. B. bei den Vögeln mit zunehmender Tageslänge im Frühjahr die Keimdrüsen. Dies löst das Paarungs- und Brutverhalten der Tiere aus. Auch die Mauser und der Beginn des Vogelzuges im Herbst sind von der Tageslänge abhängig. Wie bei den Pflanzen, so kennt man auch bei Tieren Langtag- und Kurztagformen (Referat 2).

2.3. Temperatur als abiotischer Umweltfaktor

Lebewesen können in der Regel zwischen 0 °C und 50 °C existieren. Spezialisten haben sich darüber hinaus an weit höhere und niedrigere Temperaturen anpassen können. Bei den Pflanzen ist z. B. das Auskeimen der Samen, das Wachsen und Blühen von der Temperatur abhängig. So benötigen tropische Pflanzen Keimungstemperaturen von über 25 °C, während Wintergetreide schon bei 2 °C auskeimen kann. Ebenso spielt der Umweltfaktor Temperatur eine wichtige Rolle bei der Verteilung der Pflanzen auf die Klimazonen der Erde. Auch die Vegetationszonen der Gebirge sind eine Folge der dort mit der Höhe abnehmenden Temperaturen (Ref. 3).
Eine besondere Temperaturabhängigkeit besteht bei wechselwarmen Tieren. Ihre Körpertemperatur richtet sich nach der jeweiligen Umgebungstemperatur. Daher finden diese Tiere in Biotopen mit hohen Jahresdurchschnittstemperaturen günstige Lebensbedingungen. Die gleichwarmen Tiere haben sich von den Außentemperaturen weitgehend unabhängig gemacht. Durch spezielle Anpassungen (Haarkleid, Fettschicht, Verkleinerung der Oberfläche, Verkürzung exponierter Körperteile) ist es ihnen gelungen, auch kalte Lebensräume zu besiedeln (Referat 4).

Vorschläge für Referate

1. Anpassung der Pflanzen des Buchenmischwaldes an den jährlichen Verlauf der Sonneneinstrahlung. Lit. [6] S. 24–27.
2. Beispiele für Langtag- und Kurztagformen bei Pflanzen und Tieren. Lit. [5] S. 22–25; [29] Band 2, S. 84–88.

3. Einfluß des Umweltfaktors Temperatur auf Pflanzen, dargestellt am Blühbeginn unserer Sträucher und Bäume und an der Vegetationsgliederung der Alpen. Lit. [6] S. 12–14; [3] S. 8–12; Diercke Weltatlas S. 24–25, Alexander Weltatlas S. 87.
4. Anpassung gleichwarmer Tiere an arktische Biotope und an Lebensräume mit jahreszeitlichem Temperaturwechsel. Lit. [5] S. 18–21; [19] S. 174–200.
5. Ökologische Anpassungsstrategien an variable Umwelten. Lit. Biologie in unserer Zeit, H. 1/80.

Aufgaben

1. Hektarerträge des Sommerweizens zeigen folgende Abhängigkeit von der Lufttemperatur (nach Stugren):

12	14	16	18	20	22	24	26	28	Grad C
20	31	34	35	36	35	30	21	14	Zentner/Hektar

Tragen Sie diese Werte in ein Koordinatensystem ein (X-Achse Temperatur, Y-Achse Erträge). Ermitteln Sie aus den erhaltenen Punkten eine Kurve. Erklären Sie an diesem Beispiel den Begriff der ökologischen Valenz.

2. Bei Karpfen, Forellen und Guppys wurden folgende Temperaturtoleranzen gefunden:

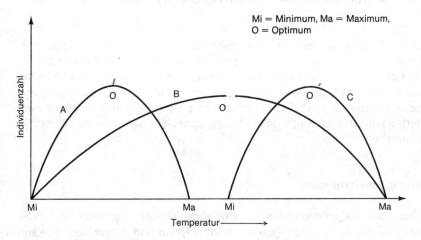

Abb. 25.1. **Temperatur-Toleranzkurven von drei Fischarten**

Ordnen Sie die Toleranzkurven A, B, C den drei genannten Fischarten zu. Welche Art ist eurytherm?
Welche Tiere sind stenotherm?

3. Wasser ist für Pflanzen ein besonders wichtiger Umweltfaktor. So zeigen z. B. die Erträge bei Sommerroggen, Erbsen und Kartoffeln folgende Abhängigkeit vom Wassergehalt des Bodens:

Wassergehalt des Bodens (%)	20	40	60	80	100
Sommerroggen	30	70	95	80	20
Erbsen	15	50	85	100	10
Kartoffeln	18	45	90	100	60

(Erträge in relativen Einheiten)

Stellen Sie die Wertetabelle graphisch dar. (X-Achse Wassergehalt, Y-Achse Erträge).
Vergleichen und charakterisieren Sie die ökologische Valenz dieser Pflanzen bezüglich des Umweltfaktors Wasser.
4. Erläutern Sie die Graphik „Bodennutzung und Vegetation in ihrer Abhängigkeit von den Klimazonen", in: „Alexander Weltatlas" (Klett-Verlag, vordere Einbandseite) unter ökologischen Gesichtspunkten.

3. Beziehungen zwischen Lebewesen: Synökologie

Die Synökologie beschäftigt sich mit der Erforschung biotischer Umweltfaktoren. Darunter versteht man die Wechselbeziehungen, die zwischen Lebewesen bestehen, die zu gleicher Zeit den gleichen Lebensraum besiedeln. Man kann dabei *intraspezifische* Wechselbeziehungen, die zwischen Lebewesen der gleichen Art auftreten, und *interspezifischen* Beziehungen, die zwischen artfremden Individuen vorkommen, unterscheiden. Besonders wichtig sind die Nahrungsbeziehungen, die zwischen den Lebewesen bestehen.

3.1. Nahrungsbeziehungen

Untersucht man den Mageninhalt toter Tiere oder das Gewölle der Greifvögel, oder mikroskopiert man die Ausscheidungen von Kaulquappen und Schnecken, so kann man feststellen, welche Nahrung diese Tiere zu sich genommen haben.
Auf Grund ihrer Nahrungsbeziehungen lassen sich die Lebewesen einer Lebensgemeinschaft *(Biozönose)* in bestimmten Reihenfolgen anordnen, die man als *Nahrungsketten* bezeichnet.
Welchen Regeln folgt der Nahrungsfluß in den Nahrungsketten? Jede Nahrungskette beginnt bei den grünen Pflanzen, da diese durch Photosynthese energiereiche, organische Stoffe aufbauen können. Diese energiereichen Verbindungen dienen dann den Pflanzenfressern direkt, den Fleischfressern indirekt als Nahrung. <u>Die ersten Glieder einer Nahrungskette sind am individuenreichsten, ihre Biomasse ist</u>

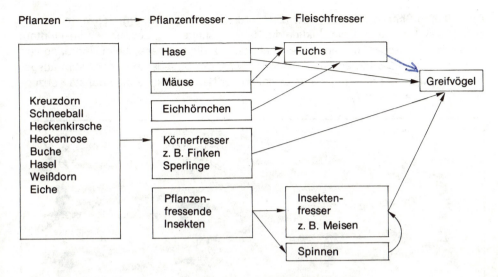

Abb. 27.1. Ausschnitt aus dem Nahrungsnetz einer Waldrandbiozönose

am größten, die nachfolgenden werden zunehmend individuenärmer, die Biomasse nimmt ab.
Mit Hilfe der Nahrungskette kann man jedoch nur einen Ausschnitt aus den vielfältigen Nahrungsbeziehungen, die zwischen den Lebewesen einer Biozönose bestehen, hinreichend genau beschreiben. In Wirklichkeit besteht zwischen den Lebewesen ein dicht gewobenes Nahrungsnetz. So hat eine Untersuchung der Nahrungsbeziehungen bei vier wirtschaftlich wichtigen Nordseefischen im Jugend- und Erwachsenenstadium folgendes Ergebnis gebracht: Der Schellfisch ist in dem hier untersuchten Nahrungssystem nur mit einer Nahrungsbeziehung vertreten, er lebt von Heringseiern. Die Makrele ist ein wichtiger Räuber, der Jungfische und Fischbrut der drei anderen Arten und der eigenen Art frißt, während sich der Kabeljau besonders von Jungfischen ernährt.

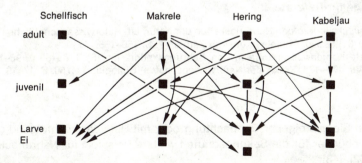

Abb. 27.2. Nahrungsbeziehungen bei vier Nordseefischen auf verschiedenen Entwicklungsstadien (nach Hempel)

Durchlaufen Schadstoffe z. B. DDT (Dichlordiphenyltrichlorethan), Schwermetallverbindungen (Hg), radioaktive Nuklide die Nahrungsketten der Lebensgemeinschaften, so nimmt ihre Konzentration immer mehr zu. Da die Biomasse beim Übergang von einem Glied zum anderen Glied geringer wird, die Schadstoffe aber kaum ausgeschieden werden, erreichen sie im Endglied der Nahrungskette die höchste Konzentration (Referat 1 und 2).

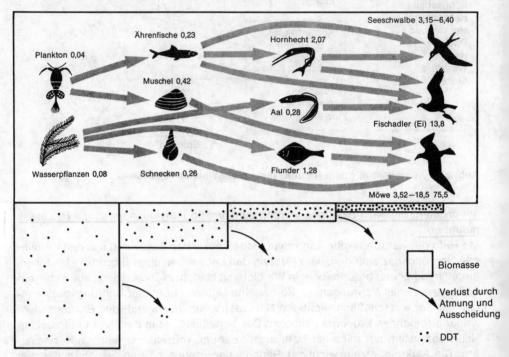

Abb. 28.1. Anreicherung des DDT in einer Nahrungskette, in ppm-Werten angegeben (nach Woodwell 1967, aus „Umwelt 2000")

Vorschläge für Referate

1. Methylquecksilber in den Nahrungsketten der Natur. Lit. Naturwissenschaftliche Rundschau, H. 6/71; [31] S. 390. Chemie in unserer Zeit. 5/77. S. 150–156.
2. Chlorierte Kohlenwasserstoffe in den Nahrungsketten. Lit. [5] S. 68–69 u. 98–100; [13] S. 219–224 u. 175–178; Praxis der Naturwissenschaften Biologie, H. 1/80, S. 17–19.

Aufgaben

1. Nennen Sie aus eigener Beobachtung oder mit Hilfe der nachfolgend genannten Biologiebücher für die Sekundarstufe I weitere Beispiele für Nahrungsketten. Lit. [41], [42], [43].
2. Erklären Sie mit Hilfe der Abb. 28.1. warum in der Muttermilch von Eskimofrauen relativ hohe Konzentrationen an DDT gefunden wurden.

3.2. Konkurrenzbeziehungen

Beanspruchen Pflanzen und Tiere einer Lebensgemeinschaft die gleichen Umweltfaktoren des Biotops, so treten sie miteinander in Konkurrenz. Dohlen, Stare und Hohltauben konkurrieren z. B. um bereits vorhandene Nisthöhlen in ihrem Lebensraum, da sie selbst keine Höhlen bauen können. Spechte nehmen an diesem Wettbewerb nicht teil, da sie selbst Nisthöhlen anlegen. Konkurrenzbeziehungen können zwischen artfremden Lebewesen bestehen, man spricht dann von *interspezifischer Konkurrenz*. Gehören die Konkurrenten der gleichen Art an, so handelt es sich um *intraspezifische Konkurrenz*. Innerhalb einer Biozönose müssen bestimmte „Wettbewerbsbedingungen" gelten, die es den Organismen erlauben, miteinander zu leben.

Interspezifische Konkurrenz und ökologische Nische

Die Lebewesen einer Biozönose unterscheiden sich in ihren Umweltansprüchen. Jede Pflanzen- und Tierart benötigt nur einen Teil der Umweltfaktoren, die ein Lebensraum zu bieten hat. Alle abiotischen und biotischen Umweltfaktoren, die eine bestimmte Art zum Leben braucht, bilden die *ökologische Nische* der Art. Wo die Umweltansprüche der Art und die Umweltfaktoren des Biotops übereinstimmen, entsteht – auch räumlich – die ökologische Nische der Art. Die ökologische Nische bezeichnet daher nicht nur einen bestimmten Raum innerhalb eines Biotops, sondern in erster Linie die Wechselbeziehungen zwischen Art und Umwelt.

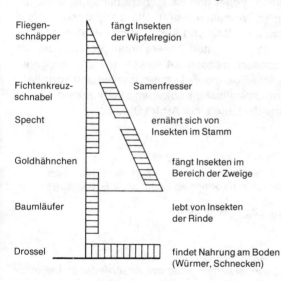

Abb. 29.1. Nahrungsnischen einiger Vögel des Nadelwaldes (nach Osche)

Kommt es zwischen zwei verschiedenen Arten, z. B. durch natürliche Zuwanderung oder durch menschliches Eingreifen, zu einer teilweisen Übereinstimmung ihrer ökologischen Nischen, so entwickelt sich ein interspezifischer Wettbewerb, in dessen

Verlauf eine Art weichen muß. Nur Arten, die nicht die gleichen ökologischen Ansprüche stellen, können in den gleichen Lebensgemeinschaften existieren (Prinzip vom Konkurrenzausschluß). So kommt es zwischen dem Rehwild und dem Auerwild in unseren Wäldern im Frühjahr zu einer Nahrungskonkurrenz. Diese hat zur Folge, daß sich ein hoher Rehwildbestand und ein hoher Auerwildbestand gegenseitig im gleichen Lebensraum ausschließen. In lange bestehenden Biozönosen gibt es nur Arten, zwischen denen kaum mehr interspezifische Konkurrenz besteht. Die ökologische Nische ist vergleichbar einer »Planstelle« oder einem »Beruf«, den eine Art in der Lebensgemeinschaft ausübt.

Die Einnischung von Pflanzen und Tieren in einen Lebensraum kann auf recht verschiedenen Wegen verlaufen (Referat 1). In Amerika, Afrika, Australien gibt es z. B. Biotope, die ähnlich ausgebildet sind, aber eine voneinander recht verschiedene Pflanzen- und Tierwelt beherbergen (Referat 2).

Intraspezifische Konkurrenz und Revierbildung

Die Bildung ökologischer Nischen führt artgleiche Lebewesen, die weitestgehend gleiche Umweltansprüche haben, zusammen. Damit herrscht unter artgleichen Lebewesen einer Biozönose ein heftiger Wettbewerb um die günstigsten Lebensbedingungen. Diese intraspezifische Konkurrenz kann durch räumliche Distanzierung der Individuen einer Art gemildert werden, d. h. es kommt zur Bildung von Revieren oder Territorien. Besonders Fische, Reptilien, Vögel und Säugetiere bilden Reviere, die von Artgenossen respektiert werden (s. Verhaltenslehre). Die erkämpften Reviere sichern einer Art genügend Lebensraum für Brut und Aufzucht der Jungen. Nur die vitalsten Individuen einer Art können die günstigsten Reviere erkämpfen und besetzt halten. Weniger lebstüchtige Artgenossen müssen auf Reviere mit ungünstigeren Lebensbedingungen ausweichen, die ihnen geringere Lebenschancen und Fortpflanzungsmöglichkeiten bieten. Durch intraspezifische Konkurrenz kommt es daher zu einer gewissen Regulierung der Bestandsdichte einer Art im Biotop.

Vorschläge für Referate

1. Möglichkeiten ökologischer Einnischung bei Tieren. Lit. [5] S. 39–41, 49; [3] S. 23–26.
2. Vergleich ökologischer Nischen in geographisch getrennten Biotopen (z. B. bei Säugetieren-Beuteltieren). Lit. [5] S. 43–47.
3. Zur Autökologie von Auerhahn und Reh. Lit.: [7] S. 95–102.

Aufgaben und Fragen

1. Wie erfolgt die „Aufteilung" eines Lebensraumes unter die verschiedenen Lebewesen der Biozönose?
2. Wie unterscheiden sich die ökologischen Nischen von Mäusebussard und Eule?
3. Kommt es zwischen Wolf und Fuchs, Habicht und Sperber zu interspezifischer Nahrungskonkurrenz?

3.3. Das biologische Gleichgewicht – Populationsökologie
Artenreiche und artenarme Biozönosen

Vergleicht man verschiedene Lebensgemeinschaften hinsichtlich ihrer Artendichte und ihrer Populationsdichten[1]), so findet man sehr unterschiedliche Verhältnisse. Ein Mischwald beherbergt viel mehr verschiedene Pflanzen- und Tierarten als ein Nadelwald. Im Unterschied zum Mischwald sind die wenigen Arten des Nadelwaldes aber mit zahlreichen Individuen vertreten. Noch krasser sind die Unterschiede in dieser Hinsicht zwischen dem tropischen Regenwald und der Taiga. Es ist leicht zu erkennen, daß offenbar die Vielseitigkeit eines Lebensraumes über die Artendichte in einer Biozönose entscheidet.
Vielseitige Lebensbedingungen eines Biotops ermöglichen eine artenreiche Biozönose mit relativ kleinen Individuenzahlen pro Art; einseitige Lebensbedingungen führen zu Artenarmut bei gleichzeitigem Individuenreichtum pro Art. Diese Zusammenhänge werden als biozönotisches Grundprinzip bezeichnet.
Wie ändert sich der Individuenbestand einer Lebensgemeinschaft? Wie kommt es, daß die Individuenzahlen einer Art mit der Zeit zu- und wieder abnehmen können?
Besteht ein Zusammenhang zwischen großen und geringen Populationsdichten verschiedener Arten in den Lebensgemeinschaften? Die nachfolgenden Abschnitte beschäftigen sich mit diesen Fragen.

Das Populationswachstum

Das Wachstum einer Population, deren Individuen sich auf ungeschlechtlichem Wege zweiteilen, stellt den einfachsten Typ des Populationswachstums dar, der auch mathematisch beschrieben werden kann. Daher eignen sich Bakterien oder Protozoen, die sich schnell vermehren und eine rasche Generationenfolge aufweisen, besonders für das Studium des Populationswachstums. Entnimmt man z. B. einer Kultur von Pantoffeltierchen ein Lebewesen und hält es unter günstigen Lebensbedingungen, so teilt es sich nach einiger Zeit. In jeder Generation können sich die Tiere verdoppeln, so daß man folgende Zahlenreihe erhält:

Generation	0.	1.	2.	3.	4.	5.	... n
Zahl der Tiere	1 2^0	2 2^1	4 2^2	8 2^3	16 2^4	32 2^5	... 2^n

Tab. 31.1. Exponentielles Wachstum der Population

---

[1]) Als *Artendichte* bezeichnet man die Anzahl verschiedener Arten in einem Biotop, als *Populationsdichte* die Anzahl der Individuen einer Art pro Fläche oder Volumen.

$$b = \frac{\Delta N_b}{\Delta t\, N} \qquad ①$$

$$m = \frac{\Delta N_m}{\Delta t\, N} \qquad ②$$

$$r = b - m \qquad ③$$

$$r = \frac{\Delta N_b - \Delta N_m}{\Delta t\, N}$$

$$r = \frac{\Delta N}{\Delta t\, N}$$

$$\frac{\Delta N}{\Delta t} = r N \qquad ④$$

durch Integration erhält man

$$\boxed{N = N_0 e^{rt}} \qquad ⑤$$

b = Geburtenrate
m = Sterberate
r = spezifische Zuwachsrate
N = Individuenzahl zur Zeit t
N_0 = Individuenzahl zur Zeit t = 0
e = Basis des natürlichen Logarithmus
$\frac{\Delta N}{\Delta t}$ = Änderung der Individuenzahl im Zeitabschnitt Δt

Das Populationswachstum ist jedoch nicht nur von der Zahl, der pro Generation neugebildeter Individuen (Geburten), sondern auch von den Todesfällen, die sich in der Population ereignen, abhängig. Man bezeichnet den durchschnittlichen Geburtenzuwachs pro Individuum in einem bestimmten Zeitabschnitt als die Geburtensrate (b) der Population ①. Entsprechend gibt es in jeder Population einen durchschnittlichen Individuenverlust auf Grund von Sterbefällen. Er bildet die Sterberate (m) der Population ②.
Aus der Differenz von Geburten- und Sterberate ergibt sich die spezifische Zuwachsrate (r) der Population ③.
Da die Zuwachsrate von einer Generation zur anderen jeweils einen bestimmten Prozentsatz der bereits vorhandenen Lebewesen ausmacht, wächst die Population mit „Zins und Zinseszins". Dies führt nach einer gewissen Zeit zu einer Verdoppelung der ursprünglich vorhandenen Individuenzahl der Population. Man nennt daher den dafür nötigen Zeitraum die Verdoppelungszeit der Population. Treten keine wachstumshemmenden Faktoren auf, so nimmt die Individuenzahl einer Population gemäß der Beziehung ④ exponentiell zu (siehe Abb. 33.1.).

In einer exponentiell wachsenden Population entstehen gewaltige Individuenzahlen:

Würde sich ein Bakterium alle 20 Minuten teilen, so müßte exponentielles Wachstum innerhalb 36 Stunden zu einer 30 cm hohen Bakterienschicht auf der Erde führen (nach MacArthur).
Falls ein Elefantenpaar von seinem 30. Lebensjahr an Junge bekäme, 100 Jahre alt würde und während dieser Zeit durchschnittlich pro Individuum 6 Junge hätte, so gäbe es nach 750 Jahren 19 Millionen Elefanten auf der Erde (nach Darwin).
Ein Weibchen der Stubenfliege legt ca. 120 Eier. Bei 7 Fliegengenerationen pro Jahr entstehen aus einem Fliegenpaar Nachkommen im Gewicht von 78 000 t (nach Wilbert).

Aufgabe

Näherungsweise Bestimmung einer exponentiellen Wachstumskurve
In einer Population von 1000 Individuen betrage die Zuwachsrate 20% (r = 0,2) pro Tag ($\Delta t = 1$).

Aus der Beziehung ④ ergibt sich: $\Delta N = r \cdot N$
z. B. $\Delta N = 0{,}2 \cdot 1000 = 200$; $1000 + 200 = 1200$ (Individuen)
Erstellen Sie mit Hilfe dieses Verfahrens eine Wertetabelle der Individuenzahlen und übertragen Sie diese in ein Koordinatensystem.
Berechnet man die Wertetabelle mit Hilfe von Beziehung ⑤, so erhält man eine genaue Wachstumskurve. Die Berechnung kann man mit einem Taschenrechner, der eine e^x-Taste besitzt, durchführen. Berechnung der ersten Individuenzahl für dieses Beispiel: $N = 1000 \cdot e^{0{,}2}$; $N = 1221$ (Individuen)

Regulation des Populationswachstums

Verfolgt man die Zunahme der Individuenzahl in der im vorhergehenden Abschnitt erwähnten Kultur der Pantoffeltierchen, so stellt man fest, daß das Populationswachstum nur anfangs exponentiell verläuft. Mit der Zeit nähert sich die Individuenzahl einem Grenzwert, der nicht mehr überschritten wird. Die Zahl der neugebildeten Organismen der Population ist nun genau so groß wie die Zahl der absterbenden Individuen: das Populationswachstum befindet sich in einem dynamischen Gleichgewichtszustand. Mathematisch ausgedrückt bedeutet dies, daß der Quotient $\frac{dN}{dt}$ den Wert Null erreicht hat. Die Individuenzahl, die dem Grenzwert entspricht, wird Gleichgewichtsdichte oder Umweltkapazität (K) der Population genannt.
Um das tatsächliche, gebremste Populationswachstum erfassen zu können, muß Beziehung ④ einen Korrekturfaktor erhalten, der den Grenzwert K berücksichtigt.

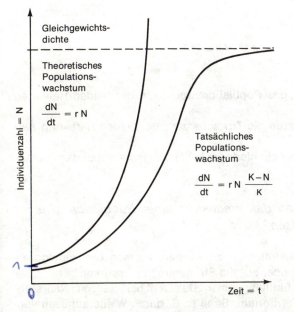

Sie lautet dann:

$$\frac{dN}{dt} = rN \frac{K-N}{K} \quad \text{(Gl. 2)}$$

Nun lassen sich drei Fälle unterscheiden:

N < K Population wächst (Grenzwert noch nicht erreicht; $\frac{dN}{dt}$ positiv)

N = K Gleichgewichtszustand (Grenzwert erreicht; $\frac{dN}{dt} = 0$)

N > K Population nimmt ab (Grenzwert überschritten; $\frac{dN}{dt}$ negativ)

Abb. 33.1. Darstellung des theoretisch möglichen und des wirklichen Populationswachstums

Das mathematische Modell des Populationswachstums wird der tatsächlichen Entwicklung einer Population in der Natur nicht in allen Wachstumsphasen gerecht. So sind z. B. bei kleinen Individuenzahlen, d. h. wenn die Population bereits vom Aussterben bedroht ist, auf Grund des Modelles besonders hohe Zuwachsraten zu erwarten. Dies trifft z. B. bei Tierpopulationen, die sich geschlechtlich vermehren, nicht zu, da Tiere in kleinen Populationen zur Paarungszeit oft keinen Partner finden oder durch Inzucht geringere Überlebenschancen haben.

Ein gut untersuchtes Beispiel stellt der indische Tiger dar. Bei einer Tigerzählung im Jahre 1972 stellte sich heraus, daß es noch etwa 2000 Tiere gab, die über viele Biotope verstreut in Kleinpopulationen leben. Man schätzt, daß etwa 300 Tiger in einem Biotop vorhanden sein müssen, um die Art für die Lebensgemeinschaft zu erhalten.

Abnahme der Tigerpopulation
1900   40 000
1965   4 000
1969   2 500
1972   1 872

Aufgaben

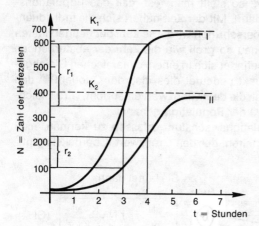

Bei zwei verschiedenen Hefepopulationen wurden auf experimentellem Wege nebenstehende Wachstumskurven ermittelt.

Abb. 34.1.

1. Was sagen diese Kurven über das Populationswachstum der beiden Hefearten aus?
2. Ermitteln Sie mit Hilfe der Skizzen die Zuwachsrate r der beiden Hefearten zwischen der 3. und 4. Stunde.
3. Was besagt ein hoher r-Wert aber ein niedriger K-Wert allgemein über das Populationswachstum einer Art?

Welche Umweltfaktoren können das Wachstum einer Population in einer Lebensgemeinschaft beeinflussen?

Um das Populationswachstum beeinflussen zu können, müssen Umweltfaktoren entweder auf die Geburtenrate (b) oder auf die Sterberate (m) einwirken.
Auf die Geburtenrate können z. B. Einfluß nehmen: Das Licht bei Pflanzen, Nährstoffe bei Pflanzen und Tieren, das Territorium, Streß (z. B. durch Wiederauflösen von Embryonen in der Gebärmutter), Hemmsubstanzen z. B. bei Pflanzen.

Die Sterberate kann z. B. beeinflußt werden durch Nährstoffe bei Pflanzen und Tieren, durch die Beschaffenheit des Areals, durch Feinde und Krankheiten, durch Streß (z. B. durch Hormone).

Die Populationsdichten der Arten in den Lebensgemeinschaften schwanken meist um einen Mittelwert. Dies läßt auf das Vorhandensein eines Regelprozesses schließen, der auf jede Abweichung von einer bestimmten Populationsdichte mit einer Zu- oder Abnahme der Zuwachsrate (r) reagiert. Die Regelung der Populationsdichte durch dichteabhängige Faktoren kann man daher in einem Regelkreisschema darstellen.

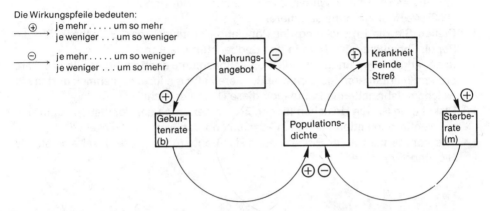

Abb. 35.1. Die Regelung der Populationsdichte durch dichteabhängige Faktoren (nach Lit. [2])

Aus dem Schema ist ersichtlich, daß die Populationsdichte in negativer Relation zu sich selbst steht, d. h. eine höhere Individuenzahl bremst ihr weiteres Anwachsen von selbst (negative Rückkopplung, dynamisches Gleichgewicht).

Die Regelkreisdarstellungen dürfen biologisch nicht überbewertet werden. Die wirklichen Zustände in einer Biozönose sind vielmals verwickelter, da zwischen den Individuen ein sehr komplexes Faktorengefüge wirksam ist, das vom Schema nicht erfaßt werden kann.

Vorschläge für Referate

1. Die dichtebegrenzende Wirkung des Revierverhaltens (z. B. bei Fischen, Vögeln) und der sozialen Rangordnung (z. B. bei Dohlen, Wölfen). Lit. [29] S. 305–322.
2. Sozialer Streß als dichteregulierender Faktor z. B. bei Mäusen und Tupajas. Lit. Umschau in Nat. u. Technik, H. 1/73; [3] S. 29.

Aufgaben und Fragen

1. Während des 2. Weltkrieges (1944) brachten amerikanische Truppen 29 Rentiere auf eine 330 km^2 große Insel in der Beringsee. Die Flora der Insel gehört zur arktischen Tundra mit vorwiegend Flechten, Gräsern und Sträuchern, die Tierwelt ist arm (Mäuse, arktischer Fuchs).

Kurz nach dem Aussetzen ging der Krieg zu Ende, die Soldaten verließen die Insel, und die Rentiere blieben allein zurück. Die Entwicklung der Rentierpopulation wurde in den nächsten Jahren von einer Ökologengruppe verfolgt.

1944: 29 Tiere ausgesetzt.

1957: 1350 Tiere in sehr guter körperlicher Verfassung, auf 100 Weibchen treffen 120 Jungtiere; Flechtendecke 8–12 cm dick.

1963: 6000 Tiere, wesentlich kleiner, Gewicht 40% geringer, auf 100 Weibchen treffen 86 Jungtiere; Flechtendecke 1 cm dick, Buschwerk mit zahlreichen Verbißspuren.

1963/64 sehr strenger Winter, Zusammenbruch der Population.

1966: 42 Rentiere ohne Jungtiere.

1.1. Stellen Sie die Entwicklung der Population graphisch dar. Berechnen Sie die Populationsdichte der Tiere in den Beobachtungsjahren.

1.2. In der arktischen Tundra darf die Populationsdichte der Rentiere maximal 6 Tiere pro km^2 nicht übersteigen. Wieviel Rentiere hätte die Insel aufnehmen dürfen? In welchem Jahr hatte die Population diese Dichte erreicht?

1.3. Diskutieren Sie die Ursachen für den Zusammenbruch der Population. Kann sich die Rentierpopulation nach dem Zusammenbruch weiter entwickeln?

1.4. Wie könnte man unter Einbeziehung der Rentiere auf dieser Insel eine stabile Biozönose errichten?

Schwankungen der Populationsdichte in einem 2-Arten-System durch Räuber-Beute-Beziehung

In einer Lebensgemeinschaft können sich nur die autotrophen Pflanzen selbst ernähren. Alle anderen Lebewesen versorgen sich mit Nährstoffen (Räuber), in dem sie Individuen einer anderen Art (Beute) töten. Die Räuber-Beute-Beziehung ist die am weitesten verbreitete zwischenartliche Beziehung in einer Lebensgemeinschaft. Im weitesten Sinne kann man zu ihr sowohl die Ernährungsweise der Fleischfresser als auch die der Pflanzenfresser zählen. Jedes Räuber-Beute-Paar stellt ein kleines Glied im Nahrungsnetz der gesamten Lebensgemeinschaft dar.

Um die in der Natur sehr komplizierten Räuber-Beute-Beziehungen verstehen zu können, ist man zu Vereinfachungen gezwungen. Sie bestehen darin, daß man nur die unmittelbar zwischen der Räuberpopulation und der Beutepopulation bestehenden Wechselbeziehungen betrachtet. Folgende Wechselbeziehungen führen jeweils zu einer Änderung der Individuenzahlen in einer der beiden Populationen:

Zunahme der Beutepopulation bedingt auch ein Anwachsen der Räuberpopulation (mehr Nahrung für den Räuber).

Zunahme der Räuberpopulation führt mit der Zeit zu einer Abnahme der Beutepopulation. (»Viele Hunde sind des Hasen Tod.«)

Abnahme der Beutepopulation bedingt auch eine Reduzierung der Räuberpopulation (weniger Nahrung für den Räuber).

Abnahme der Räuberpopulation erlaubt wiederum das Anwachsen der Beutepopulation. (Damit beginnt der *P*opulationszyklus im R – B-System von neuem.)

Abb. 37.1. Regelkreis der Wechselbeziehung im Räuber-Beute-System

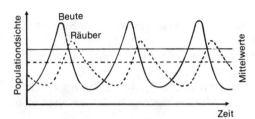

Abb. 37.2. Populationswellen im Räuber-Beute-System (nach Volterra)

Die Wechselbeziehungen im Räuber-Beute-System können durch einen Regelkreis beschrieben werden. Die Regelung erfolgt nach dem Prinzip der negativen Rückkopplung ($\oplus$ $\ominus$ Beziehung).

Die Änderung der Populationsdichten (Zu- oder Abnahme) setzen sowohl beim Räuber als auch bei der Beute mit einer gewissen zeitlichen Verzögerung ein (Totzeit). Dies führt zu mehr oder weniger periodischen Schwankungen der Populationsdichten im Räuber-Beute-System.

Die Individuenzahlen der Beutepopulation erreichen jeweils vor der Räuberpopulation ihre größte Amplitude. Zwischen den Häufigkeitskurven der beiden Populationen besteht eine geringe Phasenverschiebung. Die Häufigkeiten des Räubers und der Beute schwanken langfristig gesehen um einen Mittelwert, so daß keine der beiden Arten ausstirbt.

Diese Zusammenhänge hat Volterra (1860–1940) erkannt und in einem mathematischen Modell beschrieben. Man bezeichnet sie daher auch als Volterra-Regeln.

Die periodischen Schwankungen der Populationsdichte einer Art nennt man Populationswellen. Sie können bei Hasen oder Wühlmäusen vorkommen, besonders bekannt geworden sind sie bei Forstschädlingen wie z. B. beim Borkenkäfer.

Die Schwankungen der Populationsdichte im Räuber-Beute-System kann man in einem Modellversuch simulieren.

Als Beispiel für ein natürliches Räuber-Beute-System seien hier die Beziehungen zwischen dem Schneehasen und dem kanadischen Luchs dargestellt.

Die beiden Tierarten wurden wegen ihrer Pelze gejagt. Die Jäger verkauften die Felle der erlegten Tiere an die Pelzhandelsgesellschaften, die darüber genau Buch führten.

V 5
S. 91

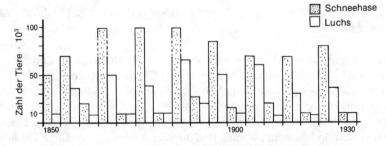

Abb. 37.3. Populationswellen von Schneehase und Luchs in Nordamerika

Aufgaben

1. Erläutern Sie das Räuber-Beute-System zwischen Schneehase und Luchs am Beispiel der Abb. 37.3.
1.1. Wie wirken sich Schonzeiten und die Begrenzung der Abschußquoten durch Jagdgesetze auf dieses Räuber-Beute-System aus?
2. In einer Lebensgemeinschaft wurde ein deutlicher Rückgang der Individuenzahlen bei der Schleiereule festgestellt. Eine Untersuchung des Biotops ergab, daß die Lebensbedingungen für diese Tierart durchaus günstig sind mit Ausnahme einer gleichzeitig festgestellten starken Verminderung der Mäuse, die zur Hauptnahrung der Schleiereulen gehören.
2.1. Erklären Sie an dem gegebenen Beispiel, wie sich die Population der Schleiereulen vermutlich weiterentwickeln wird.
2.2. Stellen Sie die Abhängigkeit der Schleiereulenpopulation von der Mäusepopulation, ausgehend von der oben beschriebenen Situation, graphisch dar.
3. Das Populationswachstum zweier Milbenarten (A und B), die auf Orangen leben, wurde in einem Experiment über mehrere Monate verfolgt. Dabei ergaben sich durch Auszählen folgende Individuenzahlen:

Milben-art	Juli 5. 10. 18. 25. 31.	August 8. 18.	September 1. 8. 22. 29.	Oktober 13. 23. 30.	November 7. 13.
A	80 150 820 1320 770	210 140	180 290 500 1550	2000 1500 650	430 670
B	0 40 250 1400 1800	770 360	210 35 210 210	850 1050 1800	430 180

Tab. 38.1 (nach Eulefeld/Schaefer)

3.1. Stellen Sie das Populationswachstum der beiden Milbenarten graphisch dar (Y-Achse Zahl der Tiere, X-Achse Zeit, Milbe A blau, Milbe B rot).
3.2. Erklären Sie den Kurvenverlauf. Welche biologischen Gesetzmäßigkeiten liegen ihm zu Grunde?
3.3 Wie reagiert das System, wenn die Milbenart A und/oder B durch Eingriffe des Experimentators sehr stark dezimiert wird?

Biologisches Gleichgewicht in der Lebensgemeinschaft – Stabilität durch Artenvielfalt

Beobachtet man eine Lebensgemeinschaft über einen längeren Zeitraum, so stellt man fest, daß die Individuenzahlen aller an der Biozönose beteiligter Arten um einen Mittelwert schwanken. In vielen Lebensgemeinschaften halten sich auf längere Zeit gesehen Individuenzugänge und Individuenabgänge die Waage, so daß ihre Individuenzahlen „nach außen hin" eine gewisse Konstanz aufweisen. Dieses ausgewogene Verhältnis von Individuenzuwachs und Individuenverlust in einer Lebensgemeinschaft bezeichnet man als biologisches Gleichgewicht. (Häufig wird es auch als ökologisches oder biozönotisches Gleichgewicht bezeichnet.) Es ist zur Selbstregulation fähig, d. h. im Falle einer Störung stellt sich der ursprüngliche Gleichgewichtszustand wieder ein.

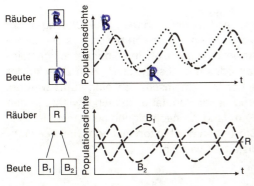

Abb. 39.1. **Schwankungen der Populationsdichten in einem 2-Arten- und in einem 3-Artensystem**

Das biologische Gleichgewicht ist das Ergebnis mannigfaltiger, höchst komplizierter Wechselbeziehungen unter den Individuen der Lebensgemeinschaft, die bis heute kaum erfaßt werden können. Die Erfahrung lehrt jedoch, daß vielseitige Lebensräume mit artenreichen Biozönosen durch eine deutliche Konstanz ihrer Individuenzahlen gekennzeichnet sind und somit über besonders stabile Gleichgewichtsverhältnisse verfügen. Allerdings gibt es auch Beispiele für relativ artenarme Biozönosen („natürliche Monokulturen"), die eine hohe Stabilität aufweisen. Zu ihnen gehören z. B. die Schilfgürtel der Süßwasserseen.

Die Erforschung des biologischen Gleichgewichtes in den Lebensgemeinschaften ist von großer praktischer Bedeutung, da es durch Eingriffe des Menschen in die Umwelt häufig zu Störungen dieses Gleichgewichtes kommt.

Ernährt sich eine Räuberpopulation von zwei verschiedenen Beutepopulationen, so kommt es in diesem 3-Artensystem zu geringeren Schwankungen der Individuenzahlen als im 2-Artensystem. Die Räuber ernähren sich primär von der jeweils individuenreicheren Beutepopulation.

Störungen des biologischen Gleichgewichtes

In vielen Biozönosen kommt es auf natürlichem Wege zu einer Störung des biologischen Gleichgewichtes. Immer wieder kann man die Beobachtung machen, daß eine Population innerhalb der Biozönose durch Massenvermehrung (Gradation) auffällt. Da sich solche Gradationen von Zeit zu Zeit wiederholen können, spricht man auch von Populationswellen, die den Lebensraum gleichsam überfluten. Sie sind z. B. bei Hasen, Wühlmäusen, Lemmingen, Heuschrecken bekannt und führen oft zu Massenwanderungen dieser Tiere. Die Ursachen für solche Massenvermehrungen liegen im Zusammenwirken lebenswichtiger Umweltfaktoren, die kurzfristig ins Optimum geraten sind, so daß sich die Umweltkapazität (siehe K-Wert, S. 33) der Population für kurze Zeit erhöhen konnte. Die Störung des biologischen Gleichgewichtes durch Gradation wird durch dichteregulierende Faktoren (z. B. intraspezifische Konkurrenz, Nahrungsmangel) wieder rückgängig gemacht (reversible Störung).

Die vom Menschen verursachten Störungen des biologischen Gleichgewichts beruhen jedoch auf einer irreversiblen, langfristigen Änderung wichtiger abiotischer oder biotischer Umweltfaktoren in einem Lebensraum. Dies kann für einige Populationen zu besonders günstigen Lebensbedingungen und damit zu Massenvermehrungen führen. Es kann aber auch dazu beitragen, daß Populationen aus der Lebensgemeinschaft ausscheiden müssen. So hat z. B. die stetige Erhöhung der Phosphatkonzentration im Süßwasser zu einer Massenvermehrung bei den Algen geführt (siehe Eutrophierung, S. 74). Die Erhöhung der Wassertemperatur z. B. in Flüssen gefährdet alle kaltstenothermen Lebewesen dieses Biotops.

Auch Veränderungen im Bereich biotischer Faktoren können das Gleichgewicht einer Lebensgemeinschaft sehr stark beeinflussen. Hier seien besonders die unmittelbaren Eingriffe des Menschen in die Artenzusammensetzung einer Lebensgemeinschaft genannt. So können durch Zufall oder mit Absicht (z. B. zum Zwecke der Schädlingsbekämpfung) neue Arten in Lebensgemeinschaften eingeführt werden. Dies bewirkt oft langfristig die Einstellung neuer Populationsgleichgewichte in den ursprünglichen Lebensgemeinschaften. An Hand der nachfolgend genannten Referate sollen einige konkrete Beispiele für Störungen des biozönotischen Gleichgewichtes durch den Menschen erörtert und diskutiert werden.

Vorschläge für Referate

1. Störungen des biologischen Gleichgewichtes durch beabsichtigte oder unbeabsichtigte Einbürgerung fremder Arten in bestehende Lebensgemeinschaften. Lit. [5] S. 65–67; [33] 45–49; Umschau in Naturwissenschaft und Technik Heft 17/77 S. 576 (Der „blaue Teufel" Segen oder Plage?)
2. Ausrottung von Lebewesen und ihre Folgen für den Gleichgewichtszustand in den Biozönosen. Lit. [33] S. 56–80.

Aufgaben

In die Lebensgemeinschaften der westindischen Inseln (z. B. Jamaika) wurden durch Schiffe unbeabsichtigt Ratten eingeführt. Die Tiere ernährten sich fast ausschließlich von Zuckerrohrpflanzen. Durch das exponentielle Anwachsen der Rattenpopulation kam es zu großen Ernteschäden. Um der Rattenplage Herr zu werden, wurde 1872 der Mungo freigesetzt. In den nächsten Jahren gingen die Individuenzahlen bei den Ratten stark zurück, während die Mungopopulation anwuchs. Dies hatte zur Folge, daß die Rattenpopulation die Mungos nicht mehr ernähren konnte. Daher begannen sich diese auf neue Beutepopulationen umzustellen. Sie jagten insektenfressende Vögel und eine Eidechsenart, die sich vorwiegend von Engerlingen ernährte. Nun kam es in der Lebensgemeinschaft zu einer Massenvermehrung bei Insektenpopulationen (z. B. beim Maikäfer), die große Schäden in den Zuckerrohrfeldern anrichteten. 20 Jahre nach der Einführung des Mungos kam es erneut zu Ernteschäden, die aber nicht mehr von den Ratten, sondern von Insekten verursacht wurden.

1. Wie ist das exponentielle Wachstum der Rattenpopulation zu erklären?
2. Stellen Sie in zwei Pfeildiagrammen die Nahrungsbeziehungen zwischen den Zuckerrohrpflanzen und dem Mungo vor und nach dem Zusammenbruch der Rattenpopulation auf. Warum hatte das Anwachsen der Mungopopulation zunächst die erwünschte, dann aber die unerwünschte Wirkung auf die Zuckerrohrpflanzen?
3. Welche Maßnahmen könnten vermutlich eine Stabilisierung des biologischen Gleichgewichtes in den Lebensgemeinschaften herbeiführen?

4. Lebensraum und Lebensgemeinschaft: Das Ökosystem

Im vorhergehenden Abschnitt wurde gezeigt, nach welchen Gesetzmäßigkeiten viele verschiedene Pflanzen- und Tierarten in einer Biozönose zusammenleben können. Welche Beziehungen bestehen aber nun zwischen der Lebensgemeinschaft und ihrer abiotischen Umwelt? Es müssen hier offenbar sehr intensive Wechselbeziehungen existieren, da sich die Biozönosen in recht charakteristischer Weise an ihre Lebensräume angepaßt haben. Daher versteht man heute in der Ökologie die Lebensgemeinschaft und ihre Umwelt als eine Struktureinheit in der Natur und bezeichnet sie als *Ökosystem*. Ein Ökosystem umfaßt alle Organismen eines Lebensraumes sowie ihre Wechselbeziehungen untereinander und mit der unbelebten Umwelt.

Seen, Moore, Wiesen, Wälder sind Beispiele für Ökosysteme, die jedem Menschen aus eigenem Erleben bekannt sind.

4.1. Aufbau eines Ökosystems

Viele vergleichende Untersuchungen und Beobachtungen an Ökosystemen aus den verschiedenen Gebieten der Erde haben ergeben, daß alle Ökosysteme einen ähnlichen Aufbau haben. Sie können in vier Hauptkomponenten unterteilt werden: die abiotischen Faktoren, die autotrophen Produzenten, die heterotrophen Konsumenten und Destruenten.

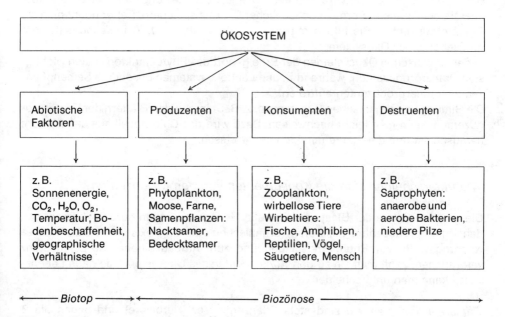

Abb. 41.1. Schema zur Struktur eines Ökosystems

Ökosysteme und Biosphäre

Ökosysteme stehen in vielfältigen Wechselbeziehungen untereinander. Sie bilden zusammen die *Biosphäre* der Erde. Man könnte die Biosphäre, als den gesamten von Organismen bewohnten Teil der Erdoberfläche, auch als globales Ökosystem auffassen.
Unter den Ökosystemen der Erde lassen sich zwei Gruppen unterscheiden: *Terrestrische Ökosysteme* und *Aquatische Ökosysteme.*
In den verschiedenen Klimazonen der Erde bestehen z. B. folgende terrestrische Ökosysteme:
Tropische Zone: Regenwälder; *Subtropische Zone:* Savannen, Steppen; *Trockenzone:* Wüsten; *Gemäßigte Zone:* Graslandschaften, Laubwälder, Nadelwälder; *Kalte Zone:* Tundren.
Die aquatischen Ökosysteme des Salz- und Süßwassers lassen sich noch weiter untergliedern in:
Litorale Ökosysteme: Küsten, Watt, Flachmeere, Uferbereiche der Seen und Ströme
Pelagiale Ökosysteme: Offene Meere, Freiwasserkörper der Seen und Flüsse
Benthale Ökosysteme: Tiefsee, Meeresboden, Fluß- und Seegrund

Welche Aufgabe erfüllen die Produzenten des Ökosystems?

Alle grünen Pflanzen des Ökosystems können mit Hilfe der Sonnenenergie organische Stoffe, z. B. Kohlenhydrate, Fette, Proteine, herstellen und damit die Strahlungsenergie der Sonne in Form von chemischer Energie speichern. Daher nennt man sie *Primär*produzenten. Sie bilden mit ihrem Stoffumsatz die *1. Trophieebene* (Ernährungsebene) des Ökosystems.
In den aquatischen Ökosystemen der Erde gehört das Phytoplankton zu den wichtigsten Primärproduzenten, während in den Landökosystemen besonders Samenpflanzen als Primärproduzenten auftreten.
V 2 Die Bildung von organischen Substanzen, z. B. Stärke in den Blättern der Primärpro-
S. 88 duzenten, kann man leicht nachweisen. Dazu wird das Chlorophyll aus den Blättern herausgelöst und die Stärke mit Jod nachgewiesen.

Wie unterscheiden sich die Konsumenten von den Produzenten?

Die gesamte Fauna der Biosphäre und alle Menschen können nur mit Hilfe der von den Primärproduzenten gelieferten organischen Nahrung existieren. Da sie diese Nahrungsstoffe zur Energiefreisetzung und zum Aufbau eigener Körpersubstanz verbrauchen, zählt man sie zu den *Konsumenten* des Ökosystems. Je nach Lebensweise kann man unterscheiden:

Primärkonsumenten, sie sind stets Pflanzenfresser (Herbivore) und bilden die 2. Trophieebene des Ökosystems.

Sekundärkonsumenten, sie gehören zu den Fleischfressern (Karnivore) und leben auf der 3. Trophieebene des Ökosystems.
Da alle Konsumenten einen Teil der aufgenommenen Nahrungsstoffe zum Aufbau eigener Körpersubstanz verwenden und damit Biomasse speichern, kommt es auch auf der 2. und 3. Trophieebene des Ökosystems zur „Produktion" von Biomasse. (Primärkonsumenten sind daher zugleich Sekundärproduzenten.)

Warum braucht ein Ökosystem Destruenten?

In jedem Ökosystem sterben Organismen. Die organischen Substanzen, die ihre Körper aufbauen, und die organischen Ausscheidungen der lebenden Organismen, z. B. Harnstoff, dienen einer weiteren Gruppe von heterotrophen Lebewesen des Ökosystems als Nahrungsgrundlage. Sie zerlegen die energiereichen Körpersubstanzen der abgestorbenen Lebewesen über viele Zwischenstufen bis zu den anorganischen Grundstoffen wie Wasser, Kohlendioxid, Phosphat, Nitrat und Sulfat, die dann von den Primärproduzenten wieder aufgenommen werden können.
Man nennt daher diese Organismen des Ökosystems *Destruenten* (auch Reduzenten), ihren Stoffumsatz *Mineralisation.*
Zu den Destruenten gehören: Insektenlarven, Regenwürmer, niedere Würmer (z. B. Tubifex), niedere Pilze, aerobe und anaerobe Bakterien.

V 7
S. 94

V 17
S. 101

4.2. Energiefluß und Materiekreislauf im Ökosystem

Nur durch ständige Aufnahme von Sonnenenergie durch die Primärproduzenten sind die Bewohner der zahlreichen Ökosysteme der Biosphäre lebensfähig. Diese Energieaufnahme setzt gleichzeitig einen Materiestrom im Ökosystem in Gang, der im Bereich der 1. Trophieebene beginnt und durch die Aufnahme von Kohlendioxid und die Abgabe von Sauerstoff durch die Autotrophen gekennzeichnet ist. Im weiteren Verlauf des Materiestroms kommt es dann im Bereich der heterotrophen Konsumenten zu einer Umkehrung des Gasaustausches: Sauerstoff wird aufgenommen und Kohlendioxid wird abgegeben. Am Beispiel einer Wasserpflanze und einer Wasserschnecke soll dieser Gasaustausch experimentell nachgewiesen werden.

V 6
S. 92

Wieviel Sonnenenergie können die Primärproduzenten aufnehmen und als Biomasse speichern?

Der Ursprung aller Energie, die den Ökosystemen der Biosphäre zur Verfügung steht, liegt in den thermonuklearen Fusionsprozessen der Sonne, die durch folgende Summengleichung beschrieben werden können:

$$4\,{}^{1}_{1}H \longrightarrow {}^{4}_{2}He + 2\,e^{+} + h\nu \quad \text{(Strahlungsenergie)}$$

Außerhalb der irdischen Atmosphäre erhält eine senkrecht zur Sonnenstrahlung stehende Fläche einen Energiebetrag von 8,37 kJ/cm²/min zugestrahlt. Dieser Wert heißt Solarkonstante und kann z. B. mit Hilfe von Erdsatelliten bestimmt werden. An der Atmosphärengrenze beträgt der durchschnittliche Energiefluß durch eine parallel zur Erdoberfläche stehende Fläche rund 2 kJ/cm²/min. Dies entspricht etwa 1050 kJ/cm² im Jahr. Von diesem Energiebetrag gehen beim Durchtritt des Sonnenlichtes durch die Atmosphäre und beim Auftreffen auf die Erdoberfläche etwa 50% verloren. Absorption, Reflexion, Streuung und Wärmeumwandlung sind die Hauptursachen für diesen Energieverlust.

Die Pflanzen der Biosphäre vermögen mit ihren Photosyntheseeinrichtungen nur einen außerordentlich geringen Bruchteil der auf die Erdoberfläche auftreffenden Sonnenstrahlung in Form von chemischer Energie zu speichern. Die Werte schwanken zwischen 0,1% bis 4%.

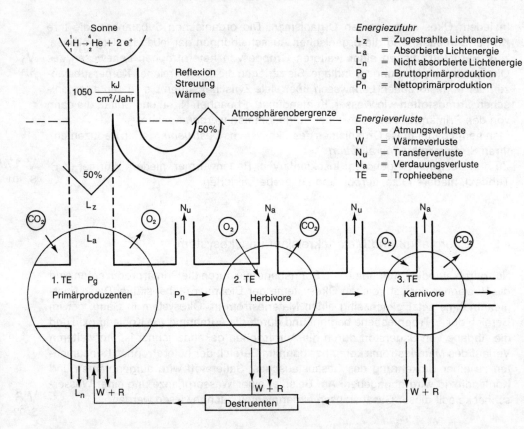

Abb. 44.1. Vereinfachtes Schema zum Energiefluß und Materiekreislauf im Ökosystem (verändert nach [3])

Untersuchungen haben 1974 ergeben, daß die Pflanzendecke der Erde auf einer Fläche von $510 \cdot 10^6$ km² rund $150 \cdot 10^9$ t Biomasse (Trockensubstanz) pro Jahr produziert, die einem Heizwert von rd. $2890 \cdot 10^{18}$ kJ entspricht. Den Anteil der verschiedenen Klimazonen an dieser Produktion zeigt die nachstehende Karte:

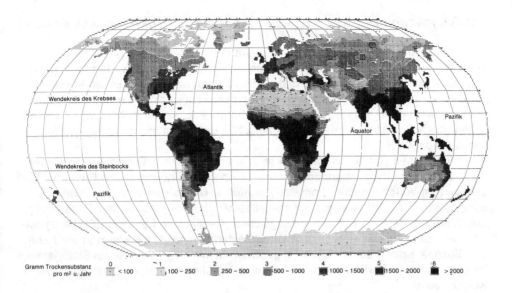

Abb. 45.1. Produktivitätsmuster der natürlichen Pflanzendecke der Erde. Die Karte wurde aus vorgegebenen Niederschlags- und Temperaturdaten von einer Großrechenanlage hergestellt.

Ein Teil der von den Pflanzen erzeugten Biomasse (ca. 40–60%) wird von ihnen selbst bei der Atmung verbraucht.
Die verbleibende Biomasse dient dem Aufbau der Körpersubstanz der Pflanzen. Man bezeichnet sie als *Nettoprimärproduktion.* Zwischen der Nettoprimärproduktion (P_n), der Bruttoprimärproduktion (P_g) und der Atmung (R) gilt daher die Beziehung:

$$P_n = P_g - R$$

Der Übergang der Biomasse von der 1. in die 2. Trophieebene des Ökosystems vollzieht sich mit Hilfe der Pflanzenfresser. Er erfolgt unter einem hohen Energieverlust. Bis zu 90% der in der pflanzlichen Biomasse gespeicherten Energie kann dabei für den Konsumenten verlorengehen: So ist ein Teil der von den Pflanzenfressern aufgenommenen Biomasse für diese nicht aufschließbar und wird von ihnen unverdaut ausgeschieden (z. B. Zellulose). Die Pflanzenfresser verbrauchen schließlich von der aufgenommenen Biomasse für ihren Atmungsstoffwechsel selbst 30–60%.
Durch die Fleischfresser gelangt die Biomasse in die 3. Trophieebene des Ökosystems. Für diesen Übergang gelten die gleichen energetischen Bedingungen wie für die Pflanzenfresser: Nicht transferierbare Biomasse geht verloren, und der besonders intensive Betriebsstoffwechsel z. B. bei Raubtieren verbraucht 60–80% der aufgenommenen Biomasse. In der Regel verfügen Ökosysteme über 3 Trophieebenen.

Das Recyclingprinzip oder: der Materiekreislauf im Ökosystem schließt sich

Nur ein geringer Teil der Biomasse durchläuft das vielfältig geknüpfte Nahrungsnetz eines Ökosystems. Auf allen Produktionsebenen des Ökosystems sterben Organismen eines natürlichen Todes, so daß große Mengen an energiereichen Körpersubstanzen der toten Lebewesen anfallen. Trotzdem kommt es in den meisten natürlichen Ökosystemen, mit Ausnahme der Hochmoore, zu keiner Anhäufung von toten organischen Substanzen oder von organischen Exkrementen der lebenden Mitglieder der Biozönose.

Alle organischen Abfälle werden von den Destruenten als Nahrung aufgenommen, mineralisiert und die entstandenen anorganischen Verbindungen den Primärproduzenten zum Aufbau neuer Biomasse zugeführt. Durch den von den Destruenten ausgelösten Mineralisationsprozeß schließt sich der Stoffkreislauf des Ökosystems. Die Wiederverwertung aller im ökologischen Kreislauf vorhandenen Stoffe ist die Voraussetzung für das unbefristete Weiterbestehen eines Ökosystems in der Natur. Die Biosphäre der Erde ist insgesamt gesehen ein in sich geschlossenes Stoffsystem, in dem laufend Materie zirkuliert, das aber in ständigem Energieaustausch mit dem Kosmos steht.

V 7
S. 94 Die Tätigkeit der Bodendestruenten kann man an ihrer CO_2-Abgabe erkennen.

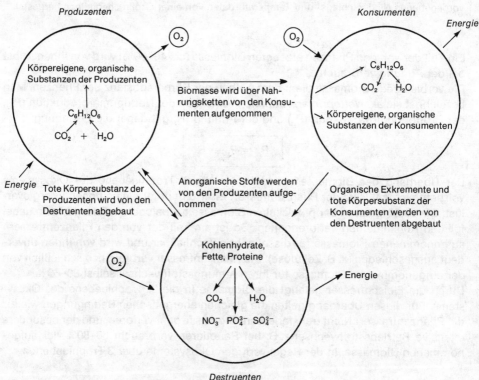

Abb. 46.1. Schema zum Materiekreislauf im Ökosystem

Aufgabe

Erklären und vergleichen Sie die Stoffkreisläufe in folgenden Lebensgemeinschaften:

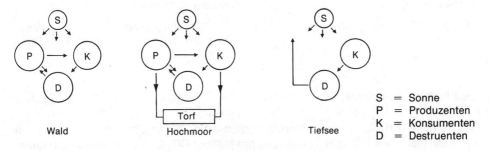

S = Sonne
P = Produzenten
K = Konsumenten
D = Destruenten

Wald   Hochmoor   Tiefsee

Der Kohlenstoff-Sauerstoff-Kreislauf in den Ökosystemen der Biosphäre

Am Materiekreislauf eines Ökosystems sind anorganische und organische Verbindungen der Elemente Kohlenstoff, Sauerstoff, Stickstoff, Phosphor, Schwefel beteiligt. Der Kohlenstoff- und Sauerstoffkreislauf soll hier näher betrachtet werden. (Die Kreisläufe des Stickstoffs und des Phosphors werden in einem Referat behandelt.) Auf- und Abbau organischer Moleküle sowie Bildung und Verbrauch von Sauerstoff und Kohlendioxid kennzeichnen den Kohlenstoff-Sauerstoffkreislauf. Die chemischen Zusammenhänge lassen sich unter Verwendung einfacher Summengleichungen darstellen:

$$6\ CO_2 + 6\ H_2O \xrightleftharpoons[\text{aerobe Dissimilation}]{\text{Photosynthese}} C_6H_{12}O_6 + 6\ O_2$$

Die gesamte organische Substanz, die z. Z. auf der Erde vorhanden ist, sowie das Volumenverhältnis des CO_2 und O_2 in der Atmosphäre entsprechen der chemischen Gleichgewichtslage dieser Reaktion. Die seit langer Zeit in der Atmosphäre unveränderten Konzentrationen des O_2 (20,95 Volumen-%) und des CO_2 (0,03 Volumen-%) zeigen an, daß das chemische Gleichgewicht, das dem Kohlenstoff-Sauerstoffkreislauf zu Grunde liegt, in der Biosphäre konstant geworden ist. Dieser scheinbar stationäre Zustand darf jedoch nicht darüber hinwegtäuschen, daß die Moleküle des CO_2 und des O_2 und die organischen Moleküle in ein dauerndes Reaktionsgeschehen verwickelt sind.

Betrachtet man den Kohlenstoff-Sauerstoffkreislauf in der Biosphäre quantitativ, so ergibt sich folgendes Bild: Die Produzenten (Pflanzenkleid der Erde) verbrauchen jährlich ca. $27,5 \cdot 10^{10}$ t CO_2 zur Photosynthese. Dabei werden pro Jahr $2 \cdot 10^{11}$ t O_2 freigesetzt. Damit diese Sauerstoffmenge gebildet werden kann, müssen $2,25 \cdot 10^{11}$ t Wasser durch die Pflanzen pro Jahr gespalten werden. Da es auf der Erde ca. $1,5 \cdot 10^{18}$ t Wasser gibt, kann man berechnen, daß es etwa 6,7 Mio. Jahre dauert, bis

CO_2-Verbrauch: $27{,}5 \cdot 10^{10}$ t
O_2-Produktion:
$\frac{32}{44} \cdot 27{,}5 \cdot 10^{10} = 2 \cdot 10^{11}$ t
H_2O-Spaltung:
$\frac{36}{32} \cdot 2 \cdot 10^{11} = 2{,}25 \cdot 10^{11}$ t

diese Wassermenge einmal den C/O-Kreislauf in der Biosphäre durchläuft und dabei von den Pflanzen gespalten und von den aeroben Konsumenten wieder aufgebaut wird.

Die Quotienten ergeben sich aus den Molekulargewichten der beteiligten Stoffe (nach P. Böger).

Das Kohlendioxidproblem

Das Kohlendioxid ist in der irdischen Atmosphäre ein Spurengas. Man schätzt, daß um das Jahr 1850 etwa 290 vpm (Volumteile pro Million) CO_2 in der Luft enthalten waren. Dies bedeutet, daß in einer Million Liter Luft (1000 m³) etwa 290 Liter Kohlendioxid enthalten waren. Heute sind in der gleichen Luftmenge ca. 330 Liter CO_2 vorhanden. Der CO_2-Anstieg beträgt z. Z. knapp 1 vpm pro Jahr.

Genaue Messungen über den Kohlendioxidanstieg in der Atmosphäre gibt es erst seit 1958. Sie sind in Abb. 48.1 graphisch dargestellt. Die Punkte in der Graphik entsprechen monatlichen Durchschnittswerten der CO_2-Konzentration. Die regelmäßigen jährlichen Schwankungen werden durch die Photosynthesetätigkeit der Pflanzen auf der Nordhalbkugel (große Landmasse) verursacht.

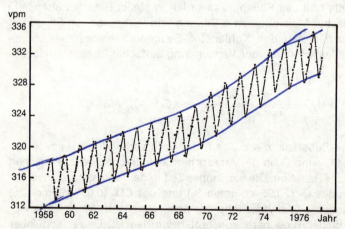

Abb. 48.1 Der Kohlendioxidanstieg in der Atmosphäre seit 1958
(Messungen aus dem Mauna-Loa-Observatorium auf Hawai nach Woodwell)

Welche Ursachen hat der CO_2-Anstieg? Hier wäre zuerst die Verbrennung fossiler Energieträger (Kohle, Öl, Erdgas) zu nennen. Einen ähnlich hohen Anteil am CO_2-Anstieg hat auch der weltweite Abbau der Wälder und die damit verbundene Oxidation der Humusschichten.

Welche Folgen hat der CO_2-Anstieg? Von einem immer höher werdenden CO_2-Gehalt der Luft könnte eine Klimaänderung auf der Erde eingeleitet werden. Das Kohlendioxid absorbiert einen Teil des von der Erde abgegebenen Wärmestroms (Infrarotabsorption) und lenkt ihn zur Erde zurück. Dies könnte auf lange Zeit gesehen zu einem Wärmestau mit steigenden Jahresdurchschnittstemperaturen (Treibhauseffekt) auf der Erde führen. Inzwischen hat sich herausgestellt, daß auch synthetische, vom Menschen erzeugte und in die Atmosphäre abgegebene Gase eine ähnliche Wirkung wie das CO_2 entfalten können. Zu ihnen gehören z. B. die Chlor-Fluor-Methane, die als Treibgas in Sprühdosen verwendet werden.

Abschätzung möglicher Temperaturänderungen durch anthropogenen Einfluß

Anthropogener Einfluß durch	Änderungen gegenüber der Gegenwart	Eintreten der Änderung	Änderung d. mittleren globalen Temp. (°C) der bodennahen Luftschicht
CO_2	+ 25%	2000	+ 0,5 bis 1,0
	+ 100%	2050	+ 1,5 bis 3,0
CF_2Cl_2, $CFCl_3$	+ 9fache	2000	+ 0,1 bis 0,4
	+ 27fache	2050	+ 0,2 bis 1,0
N_2O	+ 2fache	2025	+ 0,5
	+ 4fache	2100	+ 1,0
Natürliche Klimaschwankungen			± 0,25

(nach W. Bach)

Aufgabe:

Wie lange dauert es, bis sich der natürliche CO_2-Gehalt der Luft beim gegenwärtigen CO_2-Anstieg verdoppelt hat?

Vorschläge für Referate

1. Der Stickstoff- und Phosphorkreislauf in der Biosphäre der Erde. Lit. [2] S. 725–726; [14] 129–132; [29] Band 2 S. 123–131.
2. Der CO_2-Anstieg in der Atmosphäre und sein Einfluß auf das Klima der Erde. Lit. [23] S. 59–61; [14] S. 167–170; Umschau in Wissensch. u. Technik: H 17/77. Stehen wir vor einer Klimakatastrophe? Was ist gegen eine CO_2-induzierte Klimaänderung zu tun? H. 4/80.
3. Fluorchlorkohlenwasserstoffe in der Atmosphäre der Erde. Lit. Chemie in unserer Zeit H 6/77 S. 181; Umschau in Wissensch. u. Technik H 4/77 S. 113.

4.3. Energiefluß und Entropie in der Biosphäre

Der energiereiche Photonenstrom der Sonnenstrahlung erreicht die Biosphäre der Erde mit Lichtgeschwindigkeit. Durch Umwandlung in energiereiche chemische Bindungen wird ein kleiner Anteil dieses Energiestromes von den Primärproduzenten in den Ökosystemen der Erde gestaut. Seine Fließgeschwindigkeit verlangsamt sich und entspricht nun den physiologischen Reaktionsabläufen des Stoffwechsels der in den Ökosystemen lebenden Organismen. (Der Energiefluß in einem natürlichen Ökosystem kann nur Tage oder Jahre in Anspruch nehmen, im Falle der fossilen

Energieträger ist er aber bis heute nicht abgeschlossen.) Im Gegensatz zum Materiefluß, der im Ökosystem einen Kreislauf bildet, erfolgt der Energiefluß einbahnig von den Produzenten zu den Konsumenten.

Betrachtet man Aufbau und Anordnung der Moleküle der durch den Energiefluß gebildeten Biomasse, so fällt auf, daß sie einen sehr hohen Ordnungsgrad aufweisen. In der Physik mißt man den Grad der molekularen Ordnung eines Stoffsystems in Entropieeinheiten [Joule/Grad Mol.] (S. Stoffwechselphysiologie oder Lehrbücher der Physik, 2. Hauptsatz der Energetik.) Wird z. B. der Ordnungsgrad eines Stoffsystems größer, so nimmt die Entropie des Systems ab. Entropieabnahme kann nur durch gleichzeitige Energiezufuhr erreicht werden.

Auf die natürlichen Ökosysteme der Biosphäre übertragen bedeutet dies: Nur die zur Photosynthese befähigten Primärproduzenten besitzen die Fähigkeit, durch Aufnahme der von außen auf die Biosphäre auftreffenden Lichtenergie ihre Ordnungsstufe zu erhöhen, d. h. die Entropie nimmt im Bereich der 1. Trophieebene eines Ökosystems ab. Die Heterotrophen in den darauffolgenden Trophieebenen sind nicht mehr in der Lage, Energie von außerhalb der Biosphäre aufzunehmen. Sie sind auf das Energieangebot der Autotrophen angewiesen, um ihren Bau- und Betriebsstoffwechsel zu erhalten. Solange aber die Entropieabnahme durch die Produzenten größer ist als die Entropiezunahme, die durch die Konsumenten verursacht wird, hat ein Ökosystem eine ausgeglichene oder positive Stoff- und Energiebilanz aufzuweisen. Physikalisch gesehen sind die Ökosysteme der Erde mit ihrem Materie- und Energiefluß die einzigen Stoffsysteme, die der allgemeinen Entropiezunahme im Kosmos entgegenwirken.

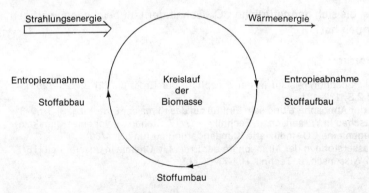

Abb. 50.1. Zusammenhang von Materiekreislauf, Energiefluß und Entropie im globalen Ökosystem

Aufgaben und Fragen

1. Aus der Biozönose eines Süßwasserökosystems seien folgende Pflanzen- und Tierarten genannt: Enten, Muscheln, Felchen, Fischadler, Grünalgen, Hechte, Wasserflöhe, Pantoffeltierchen, Kieselalgen, Seerosen, Wasserpest, Blaualgen, Schnecken, Bakterien.

1.1. Ordnen Sie diese Organismen den verschiedenen Trophieebenen des Ökosystems zu.
1.2. Stellen Sie die Nahrungsbeziehungen dieser Lebewesen in Form eines Pfeildiagramms dar.
1.3. Erklären Sie mit Hilfe einer Skizze den Kreislauf des Kohlenstoffs und des Sauerstoffs in diesem Ökosystem.
1.4. Verfolgen Sie den Energiefluß Sonne →Fischadler in diesem Ökosystem. Welche quantitativen Angaben lassen sich machen? Wie sind die Energieverluste zu erklären, die innerhalb des Ökosystems auftreten? Wie ändert sich die Entropie? Wie unterscheidet sich der Materiefluß vom Energiefluß?
1.5. Wie entwickelt sich die Populationsdichte des Hechtes, wenn sie vom Menschen nicht beeinflußt wird? Wie könnte sich eine starke Verminderung des Hechtbestandes auf das biologische Gleichgewicht dieses Ökosystems auswirken?
2. Im Ökosystem „Silver springs" (großer Quellsee in Florida, USA) wurde der Energiefluß einer genauen Analyse unterzogen. Die wichtigsten Vertreter der Primärproduzenten in diesem Ökosystem sind höhere Wasserpflanzen z. B. das Pfeilkraut (Sagittaria). Unter den Pflanzenfressern wurden z. B. Mückenlarven, Köcherfliegenlarven, Schnecken und Schildkröten festgestellt. Als Fleischfresser treten z. B. Süßwasserpolypen, viele kleinere Fischarten und vor allem Barsche auf. Der Energiefluß in diesem Ökosystem, gemessen in $kJ/m^2/Jahr$, ergab folgende Werte (Zahlen in Klammern bedeuten kcal):

Dem Ökosystem werden 7 116 200 $kJ/m^2/Jahr$ (1 700 000 $kcal/m^2/Jahr$) an Sonnenenergie zugestrahlt.

	Energiegewinne $kJ/m^2/Jahr$	Energieverluste $kJ/m^2/Jahr$
Primärproduzenten	87 111 (20 810)	
Atmungs- und Wärmeverluste der Primärproduzenten		50 136 (11 977)
Primärkonsumenten (Herbivore)	14 098 (3 368)	
Atmungs- und Wärmeverluste der Primärkonsumenten		7 911 (1 890)
Sekundärkonsumenten (Karnivore)	1 690 (404)	
Atmungs- und Wärmeverluste der Sekundärkonsumenten		1 377 (329)

Tab. 51.1. Der Energiefluß im Ökosystem „Silver springs" (nach [24])

2.1. Wieviel % der zugestrahlten Sonnenenergie wird von den Primärproduzenten des Ökosystems gespeichert?
2.2. Wie groß ist die Nettoprimärproduktion (P_n)?
2.3. Berechnen Sie die Abnahme des Energieflusses (in %) in diesem Ökosystem.

4.4. Sukzession im Ökosystem

Das vorhergehende Kapitel beschäftigt sich vorwiegend mit der „Physik und Chemie" des Ökosystems. Die physikalisch-chemischen Reaktionen des Energieflusses und des Materiekreislaufs sind jedoch an die Lebewesen des Ökosystems gebunden. Sind es stets die gleichen Lebewesen, die als Träger dieses Reaktionsgeschehens in Frage kommen, oder kann es im Laufe der Zeit zu einer Änderung in der Artenzusammensetzung der Biozönose kommen? Um auf diese Fragen eine Antwort zu finden, kann man entweder bestehende Ökosysteme über lange Zeit beobachten und ihre Artenzusammensetzung kontrollieren oder die Eroberung eines neuen Lebensraumes durch Pflanzen und Tiere verfolgen.

Wie entsteht ein neues Ökosystem?

Innerhalb der Biosphäre der Erde gibt es heute praktisch keine größeren Gebiete mehr, die frei sind von pflanzlichem und tierischem Leben. Daher ist es schwer, die *Ökogenese*, d. h. die Entstehung neuer Ökosysteme in der Biosphäre, zu beobachten. Erst Neubildungen der Erdkruste, wie sie z. B. Vulkaninseln darstellen, geben Gelegenheit, Beginn und Verlauf einer Ökogenese zu erforschen.

Diese Gelegenheit bot sich an der Südküste Islands, wo im November 1963 durch einen unterseeischen Vulkanausbruch die ca. 240 ha große Vulkaninsel Surtsey (Insel des Feuerriesen Sutur) entstand. Mit dem Abklingen der Eruptionen im Jahre 1967 begann – ausgelöst durch Windtransport, Meeresströme und Vögel – die allmähliche Entfaltung des Lebens auf Surtsey.

Die Ökogenese auf Surtsey begann mit Pionierarten aus folgenden systematischen Gruppen:

	1969	70	71	72	73	
N-bindende Blaualgen	6	8	8	11	13	(Zahl der Arten)
Flechten		3	6	10	12	
Moose	7	18	39	72		
Urtierchen	3	15		9		
Rädertierchen		1	1	2		
Rundwürmer		1	1	3		

Tab. 52.1. Pionierarten, die im Laufe von 5 Jahren die neu entstandene Vulkaninsel Surtsey besiedelten (nach G. H. Schwabe, Umschau 76, H. 7)

Die Erstbesiedlung beginnt immer mit autotrophen und heterotrophen Spezialisten (Pionierarten). Zu ihnen gehören, wie das Beispiel zeigt, besonders die Blaualgen, Flechten, Moose und Rädertierchen. Mit dem Fortgang der Ökogenese schließen sich die Pionierarten zu Pioniergesellschaften zusammen, die durch ihre Lebenstätigkeit die abiotischen Umweltfaktoren des Lebensraumes so verändern, daß in ihrem Gefolge neue Lebewesen Fuß fassen können. Dies führt mit der Zeit zu einer Ablösung und Veränderung der Pionierarten durch Sekundärgesellschaften.

Aber auch die Sekundärpopulationen eröffnen durch ihre Lebenstätigkeit wiederum weiteren Pflanzen- und Tiergesellschaften den Weg in den neuen Lebensraum. So wurden z. B. die Gebirgslandschaften nach der Eiszeit in folgender Reihenfolge von den Pflanzen besiedelt: Fels → Flechten → Pilze, Moose, Farne → Sträucher → Bäume. Die zeitliche Aufeinanderfolge von bestimmten Pflanzen- und Tiergesellschaften in einem Ökosystem bezeichnet man als *Sukzession*.

Wird ein Gebiet der Erdoberfläche zum ersten Mal von Lebewesen besiedelt, so spricht man von *Primärsukzession;* erfolgt eine Wiederbesiedlung z. B. von aufgelassenen Ackerfluren oder Kahlschlägen, so nennt man dies *Sekundärsukzession*.

Sukzessionsphasen im Ökosystem

Die Biozönosen „junger" Ökosysteme bestehen überwiegend aus Produzenten weniger Arten. Ihr Populationswachstum wird noch nicht durch Feinde oder Konkurrenten gebremst. Sie besitzen relativ wenig Biomasse, verfügen aber über eine hohe Produktivität, da sie einen geringen Eigenverbrauch aufweisen und Konsumenten in der Lebensgemeinschaft noch weitgehend fehlen (P > R). Der Energiefluß in „unreifen" Biozönosen ist kurz, direkt und verläuft rasch.

Mit der Zeit nimmt der Artenreichtum im Ökosystem bei den Produzenten und besonders bei den Konsumenten zu. Die Nahrungsketten verlängern und verzweigen sich und mit ihnen der Energiefluß. Durch Knüpfung vielfältiger dichteregulierender Konkurrenzbeziehungen wird das Populationswachstum der Arten allmählich gebremst, und es kommt zur Ausbildung eines biologischen Gleichgewichtszustandes innerhalb der Lebensgemeinschaft. Das Ökosystem befindet sich nun in der Klimaxphase. Es verfügt – besonders durch die Ausbildung der höheren Trophieebenen mit zahlreichen Konsumentenarten – über viel Biomasse, seine Produktivität und sein Eigenverbrauch an organischer Substanz halten sich jedoch die Waage (P = R).

Der Sukzessionsprozeß im Ökosystem erreicht in der Klimaxphase keineswegs einen stationären Endzustand, der beliebig lange unverändert erhalten bleibt. Über lange erdgeschichtliche Zeiträume hinweg traten immer wieder Änderungen der Umweltfaktoren in den Ökosystemen der Biosphäre auf (z. B. Klimaänderungen), die von den Organismen der Klimaxgesellschaften Neuanpassungen verlangten. Dies führt durch Mutation und Selektion letzten Endes zur Herausbildung neuer Arten in den Klimaxbiozönosen.

Je länger die Umweltbedingungen im Ökosystem gleich bleiben und je besser die Arten an ihre Umwelt angepaßt sind, um so länger bleiben Klimaxgesellschaften unverändert stabil. Solche Verhältnisse gelten z. B. zur Zeit noch für die Biozönosen der Tiefsee mit Arten, die seit Millionen Jahren dort vorkommen (lebende Fossilien). In der heutigen Biosphäre, der Erde gibt es nur noch wenige vom Menschen nicht gestörte Ökosysteme, die sich im Klimaxzustand befinden. Zu ihnen gehören z. B. der tropische Regenwald, subtropische Steppen, Tundra, Korallenriffe. Die Zeitdauer der Sukzession ist sehr vom „Substrat" des Ökosystems abhängig. So sind z. B. aquatische Ökosysteme schnellebiger, sie erreichen die Klimaxphase oft in Jahresfrist. Dagegen beansprucht die Primärsukzession in terrestrischen Ökosystemen etwa bei

der Besiedlung von Moränen, Lavafeldern, Sanddünen viele tausend Jahre, bis der Klimaxzustand erreicht ist.
Sekundärsukzessionen verlaufen rascher, so kann z. B. aufgelassenes Ackerland oder ein großer Kahlschlag im Wald in weniger als hundert Jahren wiederum pflanzliche und tierische Klimaxgesellschaften beherbergen. Der zeitliche Verlauf einer solchen Sekundärsukzession kann z. B. bei einem Acker oder einem Kahlschlag folgendermaßen aussehen:

Brennessel				
Kreuzkraut				
Vogelknöterich	Tollkirsche	Himbeere		
Vogelmiere	Königskerze	Brombeere	Pappel	
Weißer Gänsefuß	Weidenröschen	Holunder	Birken	Eiche
Berufskraut	Johanniskraut	Walderdbeere	Weiden	Buche
1. Jahr →	2. Jahr →	3.–20. Jahr →	21.–100. Jahr →	

V 8
S. 95 Im Laboratorium kann man am Beispiel des Heuaufgusses in relativ kurzer Zeit die Aufeinanderfolge mehrerer Protozoenpopulationen verfolgen.

Aufgaben und Fragen

1. Was versteht man unter Primärsukzession? Wo kann sie beobachtet werden? Wie unterscheidet sich die Primärsukzession von der Sekundärsukzession? Nennen Sie Beispiele.
2. Wie unterscheiden sich Pionier- und Klimaxbiozönosen voneinander? Fassen Sie die Unterschiede in einer Tabelle zusammen.

Vorschläge für Referate

1. Klimaxstadien nacheiszeitlicher Ökosysteme, nachgewiesen anhand der Pollenhäufigkeit ihrer Pflanzengesellschaften. Lit. [2] S. 735; [27] S. 760–765. [9] B. 1. S. 208.
2. Die Beseitigung der mediterranen Klimaxvegetation im Altertum und ihre Folgen für den Mittelmeerraum. Lit. [15] S. 64–66.
3. Entstehung eines Hochmoores. Lit. [9] Band 1 S. 208–209 Dia R. 10 22 38; R. 10 22 39.

5. Eingriffe des Menschen in die Ökosysteme

5.1. Das Populationswachstum des Menschen

Die Population des Menschen hat sich, besonders im Verlaufe der letzten 100 Jahre, über die gesamte Biosphäre der Erde ausgebreitet. Der Mensch ist heute Konsument in fast allen Ökosystemen der Biosphäre. Sein Populationswachstum unterscheidet sich jedoch von dem aller anderen Lebewesen einer Biozönose: Es wächst superexponentiell, d. h. die Verdoppelungszeiten werden immer kürzer wie folgende Tabelle zeigt:

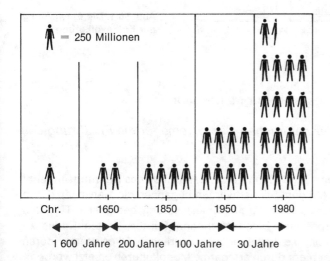

Abb. 55.1. Verdoppelungszeiten des Bevölkerungswachstums

Zu Beginn der Jungsteinzeit lebten schätzungsweise 1 Million Menschen auf der Erde; um Christi Geburt waren es ca. 250 Millionen. Die erste Verdoppelungszeit betrug etwa 1600 Jahre, die vierte Verdoppelung der Menschheit wird zwischen 1950 und 1980, also in voraussichtlich nur 30 Jahren, erreicht sein.

Die Ursachen für die Abnahme der Verdoppelungszeiten liegen fast ausschließlich in einer Abnahme der Sterberate, hervorgerufen durch den medizinischen Fortschritt, während die Geburtenraten in vielen Teilen der Erde noch immer ansteigen. Wie groß ist der maximale K-Wert für die menschliche Population (Abb. 33.1.)? Wieviel Menschen kann die Erde ernähren? Über die Größe dieser Zahl sind sich die Bevölkerungswissenschaftler nicht einig. Übereinstimmung besteht dagegen in der Frage, daß das superexponentielle Wachstum der menschlichen Population reguliert werden muß. Dies kann nur über eine Erniedrigung der Geburtenrate erfolgen, da sich eine Erhöhung der Sterberate beim Menschen ausschließt.
Die weltweiten Störungen der Ökosysteme durch den Menschen stehen in unmittelbarem Zusammenhang mit seinem Populationswachstum.

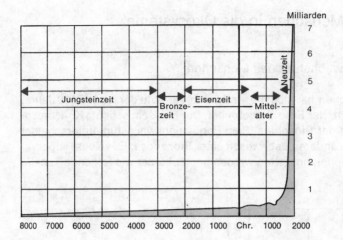

Abb. 56.1. Die Entwicklung der Erdbevölkerung

5.2. Vom natürlichen Ökosystem zur Monokultur

Reicht die Produktivität der natürlichen Ökosysteme für die Ernährung des Menschen?

Auf der Stufe der Sammler und Jäger genügte den Menschen das Nahrungsangebot der natürlichen Ökosysteme. Mit dem Seßhaftwerden begannen die Menschen durch Anbau bestimmter Pflanzenarten und durch Domestizierung geeigneter Tierarten ihre Ernährungslage zu verbessern. Diese Methoden führten letzten Endes zu schwerwiegenden Eingriffen in die bestehenden natürlichen Ökosysteme, deren artenreiche Biozönosen immer mehr durch artenarme Monokulturen ersetzt wurden.

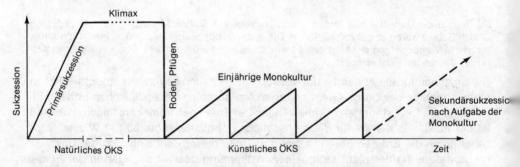

Abb. 56.2. Umwandlung eines natürlichen Ökosystems in eine pflanzliche Monokultur

Am Beispiel einer Mais-Rind-Monokultur soll aufgezeigt werden, wie man die Produktion von Nahrungsstoffen in einem künstlichen, vom Menschen geschaffenen Ökosystem steigern kann. Der Mais wird z. B. im corn-belt der USA in riesigen

Monokulturen angebaut und als Ganzes an die Rinder verfüttert. Im Jahresdurchschnitt speichern die Maispflanzen (Primärproduzenten) etwa 0,3% der Sonnenenergie mit Hilfe der Photosynthese als Biomasse. Von der Biomasse verbraucht die Maispflanze selbst einen Teil für ihre biologische Oxidation (Atmung). Ein Teil der Maisbiomasse geht durch Ernteabfälle (z. B. Wurzelstock) verloren. Insgesamt betragen die Verluste 50%; nur 50% der Maisbiomasse kommt den Rindern zugute.

Das Rind (Sekundärproduzent) benötigt einen Teil der aufgenommenen Biomasse zur Atmung. Es entstehen Verluste durch unverdauliche Anteile der Biomasse, die ausgeschieden werden. Horn, Knochen und Haut sind für die menschliche Ernährung ungeeignet. Beim Übergang der Biomasse vom Rind zum Menschen treten Verluste von etwa 60% auf.

Ein vergleichbares natürliches Ökosystem mit ähnlicher Nahrungskette, wie in der Mais-Rind-Monokultur, bräuchte für seine primärproduzenten eine wesentlich größere Fläche, um die gleiche Menge Biomasse zu erzeugen (s. Aufgabe 1, S. 57).

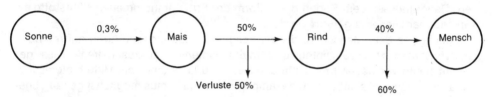

Abb. 57.1. Umsatz der Biomasse in einer Mais-Rind-Monokultur

Vorschlag für ein Referat

Die wichtigsten Nutzpflanzen des Menschen, ihr Anbau und ihre Verbreitung auf der Erde (z. B. Weizen, Reis, Mais). Lit. [17] S. 72–73; 80–84; 90–91; 94–98. Diercke Weltatlas (7. Auflage der Neubearbeitung) S. 86, 126, 157).

Aufgaben

1. Eine Maismonokultur erhalte pro m^2 im Tag 16 000 kJ (ca. 4000 kcal) an Sonnenenergie zugestrahlt, von der sie 0,3% in Biomasse umsetzen kann.
1.1. Berechnen Sie, wieviel kJ (kcal) den Menschen über die Nahrungskette der Mais-Rind-Monokultur erreichen (Abb. 57.1.).
1.2. Der durchschnittliche Energiebedarf eines Menschen beträgt pro Tag 12 000 kJ. Welche Maisfläche müßte daher für einen Menschen zur Verfügung stehen, wenn er sich a) nur von Rindfleischprodukten, b) nur von Maisprodukten ernähren würde?
1.3. Gehen Sie davon aus, daß die Primärproduzenten eines natürlichen Ökosystems den gleichen Betrag an Sonnenenergie erhalten, von dem sie 0,5% als Biomasse speichern können. Wie groß müßte hier die Fläche der Primärproduzenten sein, wenn auf der dritten Trophieebene des natürlichen Ökosystems täglich 12 000 kJ (ca. 3000 kcal) für die Ernährung eines Menschen zur Verfügung stehen müßten (S. 44)?

Ökologische Probleme der Monokulturen

Monokulturen sind wegen ihrer hohen Produktivität zur Ernährung der heutigen Menschheit notwendig. Vergleicht man eine Monokultur mit einem natürlichen Ökosystem, so treten neben dem Vorteil der hohen Produktivität auch die Nachteile klar hervor: Monokulturen sind vom Menschen geschaffene, stark vereinfachte, künstliche Ökosysteme. Um Platz für den Anbau bestimmter Nutzpflanzen zu schaffen, mußten die stabilen, artenreichen Klimaxgesellschaften lange bestehender Ökosysteme beseitigt werden. Dies führte im Laufe der Jahrhunderte zu einer Umwandlung der Naturlandschaft mit stabilen ausgereiften Ökosystemen in eine weitgehend von Monokulturen bestimmte Kulturlandschaft mit artenarmen, instabilen, genetisch sehr einheitlichen Pflanzengesellschaften. Diese zeigen eine große Anfälligkeit gegenüber Insekten, Unkräutern, Pflanzenkrankheiten und Witterungseinflüssen. Ferner muß man bedenken, daß der ökologische Stoffkreislauf in den Monokulturen unterbrochen ist, da der Mensch die gebildete Biomasse quantitativ erntet und abtransportiert. Daher müssen dem Boden die in Form der Ernte entnommenen Nährstoffe als Kunstdünger wieder zugeführt werden.

Wie gelingt es dem Menschen, die zahlreichen in den Monokulturen auftretenden unerwünschten Mitproduzenten und Mitkonsumenten auszuschalten? Dies geschieht heute vorwiegend mit Hilfe chemischer und seltener mit Hilfe biologischer Verfahren, die jeweils auf den zu bekämpfenden Organismus möglichst genau abgestimmt sind.

5.3. Methoden der Schädlingsbekämpfung[1])

Chemische Verfahren der Schädlingsbekämpfung

Schädlinge sind, aus der Sicht des Menschen, pflanzliche oder tierische Organismen, die Nahrungsstoffe oder Gebrauchsgüter des Menschen vernichten. Zur Zeit geht ein Drittel der Welternte im Wert von 300 Milliarden Mark durch Schädlingseinwirkung verloren. Um diese Verluste möglichst gering zu halten, muß die Vermehrung und Ausbreitung von Schädlingspopulationen besonders in den Monokulturen verhindert werden.

In der Natur gibt es viele Beispiele dafür, wie sich verschiedene Pflanzenarten, z. B. durch Abgabe chemischer Stoffe in den Boden, in ihrem Wachstum hemmen. Besonders bekannt geworden sind die stofflichen Ausscheidungen von Schimmelpilzen (Antibiotika), mit deren Hilfe sie andere, um dasselbe Substrat konkurrierende Mikroorganismen (z. B. Bakterien) in ihrer Vermehrung hemmen. Dieses Verdrängen eines unerwünschten Mitkonkurrenten aus seinem Lebensraum mit Hilfe chemischer Stoffe hat der Mensch in den letzten Jahrzehnten in großem Stile nachgeahmt. Allerdings benutzte er keine natürlichen, von Pflanzen produzierten Stoffe, sondern

---

[1]) Siehe Dia-Reihen zur Schädlingsbekämpfung R 102367; 102368; 102369; 102370 FWU Grünwald mit Beiheft von H. Kiechle.

schuf auf synthetischem Wege neue chemische Stoffgruppen, die das Wachstum unerwünschter Organismen hemmen oder sie meist durch ihre große Giftigkeit töten. Man nennt diese synthetischen chemischen Stoffe Schädlingsbekämpfungsmittel oder Pestizide. Sie wurden meist für die Bekämpfung spezieller Schädlingsgruppen entwickelt. So wirken z. B. Insektizide gegen Insekten, Fungizide gegen Pilze oder Herbizide gegen Unkräuter.

Die zuerst entwickelten Pestizide waren Insektengifte aus der Gruppe der chlorierten Kohlenwasserstoffe. Zu ihnen gehört das DDT (Dichlordiphenyltrichlorethan) und das HCH (Hexachlorcyclohexan), das unter dem Handelsnamen Lindan bekannt geworden ist. Später wurden besonders die Ester der Thiophosphorsäure als Insektizide eingesetzt z. B. das Parathion, das unter der Bezeichnung E 605 im Handel ist. Insektizide wirken als Kontakt- und Fraßgifte. Sie gelangen nach Berührung z. B. durch die Gelenkhäute oder mit der aufgenommenen Nahrung in den Insektenkörper. Das E 605 wird über das Gefäßsystem mit dem Saftstrom im gesamten Pflanzenkörper verteilt (systemisches Insektizid). Es schädigt daher besonders saugende und blattfressende Insektenarten.

Insektizide sind Nervengifte, so hemmt z. B. das E 605 die Cholinesterase in den Synapsen des Nervensystems der Insekten.

Die weltweite Anwendung und Verbreitung von Pestiziden ist für den Menschen mittlerweile zu einer Gefahr geworden. Es hat sich gezeigt, daß die ausgestreuten Pestizide teilweise schwer abbaubar sind und sich viele Jahr in den Stoffkreisläufen der Biosphäre halten können. Je größer die Stabilität dieser Verbindungen ist, um so größer ist auch die Gefahr, daß sie durch Akkumulation in den Nahrungsketten als giftige Rückstände in die Nahrungsmittel des Menschen gelangen (s. S. 28).

Ein weiterer Nachteil der Pestizide ist ihre geringe spezifische Wirkung. Sie töten nicht nur den Schädling, sondern vernichten zugleich auch die natürlichen Feinde des Schädlings. Dies führt zu tiefgreifenden Störungen der Räuber-Beute-Beziehungen und damit des biologischen Gleichgewichtes in den Lebensgemeinschaften.

Betrachtet man die Wachstumskurven zweier Populationen im Räuber-Beute-System (s. S. 37), so erkennt man, daß durch eine gleichzeitige starke Erniedrigung der Populationsdichten beim Räuber und der Beute später das Wachstum der Beutepopulation besonders begünstigt wird (3. Volterra-Regel). Verwendet man Insektizide zur Schädlingsbekämpfung, so entsteht diese Situation. Durch diese Stoffe wird nicht nur der Schädling (= Beute), sondern auch sein natürlicher Feind (= Räuber) zum größten Teil vernichtet. Nach der Bekämpfung finden die verbliebenen Räuber kaum mehr Nahrung. Ihre Individuenzahlen bleiben niedrig, während die überlebenden Beuteorganismen sich rasch vermehren können. Das Anwachsen der Schädlingspopulation macht oft schon nach kurzer Zeit eine erneute, noch intensivere Bekämpfungsaktion nötig.

Dichlordiphenyldichlorethen

Umwandlung des giftigen DDT in ungiftige DDE durch Fliegenmutanten

Viele Schädlinge werden im Laufe der Zeit gegenüber einem bestimmten Pestizid resistent, d. h. das Bekämpfungsmittel verliert seine Wirkung. Bei der Stubenfliege konnte man z. B. die Entstehung der DDT-Resistenz aufklären. Anfangs wurden in einer Fliegenpopulation fast alle Tiere durch das DDT vernichtet. Nur einige wenige Individuen erwarben durch spontane Mutation ihres Erbgutes die Fähigkeit, ein Enzym zu produzieren, das aus dem DDT-Molekül durch Chlorwasserstoffabspaltung das ungiftige DDE herstellt. Da die Fliegenmutanten den erworbenen Resistenzfaktor vererben, erwächst aus ihnen um so rascher eine DDT-resistente Population, je häufiger sie dem Insektizid ausgesetzt werden. Heute kennt man über 300 Insektenarten, die DDT-resistent geworden sind. Im Jahre 1976 waren allein 43 malariaübertragende Moskitoarten bekannt, die eine Chlorkohlenwasserstoffresistenz erworben hatten. Dies hat zur Folge, daß weltweit mit neuen Malariaepedemien gerechnet werden muß.

Um die Resistenz der Insekten gegenüber Insektiziden zu überwinden, kamen zunächst immer höher konzentrierte Gifte zur Anwendung, bis schließlich der Einsatz der Mittel aus toxikologischen und wirtschaftlichen Gründen eingestellt werden mußte. Heute weiß man, daß das Resistenzproblem nur durch Synthese immer wieder neuer Pestizide gelöst werden kann.

Bei allen Einwänden und Bedenken, die gegen eine Verwendung von Pestiziden sprechen, sollte man nicht vergessen, daß ein Viertel der gegenwärtigen Welternte nur mit Hilfe chemischer Schädlingsbekämpfungsmethoden erzeugt werden kann.

Aufgaben

Man schätzt, daß im Jahre 1975 etwa 1,125 Millionen Tonnen DDT in den Ökosystemen der Erde vorhanden waren. Die Halbwertszeit des DDT liegt bei etwa 10 Jahren. Dies bedeutet, daß von einer bestimmten, jetzt vorhandenen DDT-Menge in 10 Jahren die Hälfte abgebaut ist.

1. Zeigen Sie mit Hilfe einer Graphik den zeitlichen Verlauf des Abbaus der 1975 vorhandenen DDT-Menge (X-Achse Halbwertszeiten, Y-Achse DDT-Menge).
2. Würde man ab 1975 auf der Erde kein DDT mehr verwenden, so käme es trotzdem noch einige Jahre zu einem weiteren Anstieg der DDT-Konzentration in den Fischen. Wie ist dieser Effekt zu erklären?

Vorschlag für ein Referat

Schädlingsbekämpfung mit Herbiziden. Lit. [29] B. 2. S. 223–225; Praxis der Naturwissenschaften Biologie, H. 4/80, Aulis Verlag Köln.

Biologische Verfahren der Schädlingsbekämpfung

Bei der biologischen Schädlingsbekämpfung ist man bestrebt, einen gewissen Artenreichtum auch in den vom Menschen genutzten Lebensgemeinschaften zu erhalten oder wieder herzustellen, um auf diesem Wege die Populationsdichten schädlicher Tiere oder Pflanzen zu begrenzen. So hat sich z. B. die Einführung von natürlichen Feinden der Schädlinge in die Lebensgemeinschaften günstig ausgewirkt. Mit dieser Methode konnte die in Orangenkulturen eingeschleppte Wollschildlaus und die San-José-Schildlaus, die Obstplantagen befällt, mit Hilfe von Marienkäfern bzw. Schlupfwespen erfolgreich bekämpft werden. Allerdings kann die Einbürgerung fremder Arten, die nicht nur auf den zu bekämpfenden Schädling wirken, in den bestehenden Lebensgemeinschaften auch zu schweren Störungen des biologischen Gleichgewichtes führen (siehe Mungobeispiel, S. 40).

Zu den modernsten Methoden biologischer Schädlingsbekämpfung gehört die Sterilisation von Insekten mit Hilfe von Röntgenstrahlen. Die Insekten werden in großen Mengen gezüchtet, die Männchen aussortiert und sterilisiert. Läßt man sie frei, so begatten sie die Weibchen der Wildstämme. Aus ihren Eiern entwickeln sich jedoch keine Nachkommen. Wird die Aktion bei mehreren aufeinanderfolgenden Generationen wiederholt, so kommt es zur Ausrottung der Population durch die Männchen der eigenen Art. Man spricht daher von Selbstvernichtung. Diese Sterilmännchen-Methode ist jedoch keineswegs auf jeden beliebigen Insektenschädling übertragbar. Im Falle der Schraubenwurmfliege, die in den Südstaaten der USA vorkommt und deren Larven in der Haut von Rindern leben, konnte sie mit großem Erfolg angewendet werden.

Dieser Erfolg war vom zufälligen Zusammentreffen folgender Faktoren abhängig, die bei Schädlingen nur selten gemeinsam auftreten:
1. Man fand eine Röntgenstrahlendosis, die die Männchen sterilisiert, in ihrem Sexualverhalten aber nicht beeinträchtigt.
2. Die Weibchen der Schraubenwurmfliege schlüpfen im Freiland wenige Tage vor den Männchen und sind sofort begattungsbereit.
3. Die Weibchen lassen nur eine Begattung zu.
4. Die Bekämpfung war in relativ abgegrenzten Biotopen möglich, so daß kein Zuflug von außen stattfinden konnte.

Auch bei diesem Verfahren zeichnet sich bereits das Resistenzproblem ab. Durch vererbbare Verhaltensänderungen bei den Weibchen kommt es zu Mehrfachpaarungen mit fruchtbaren Freilandmännchen.

Bei einer weiteren Methode der biologischen Schädlingsbekämpfung kommen die Sexuallockstoffe (Pheromone) einiger Insektenarten zum Einsatz. Diese Lockstoffe wirken bereits in höchster Verdünnung. Oft genügen einige hundert Moleküle, um die Männchen der betreffenden Art über mehrere Kilometer Entfernung anzulocken. Im Falle des Borkenkäfers wird der Lockstoff in Fangbäumen angebracht. Diese werden später gefällt und die Schädlinge vernichtet.

Die Methoden biologischer Schädlingsbekämpfung richten sich bisher hauptsächlich gegen Insektenschädlinge. Auf dem sehr wichtigen Gebiet der Pilz- und Unkrautbekämpfung stehen noch keine einsetzbaren biologische Verfahren zur Verfügung.

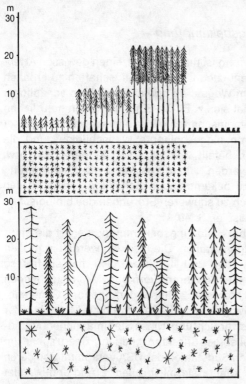

Abb. 62.1. **Fichtenmonokultur und Plenterwald**
(Aufriß und Kronenprojektion)

Wohl die idealste Form „biologischer Schädlingsbekämpfung" ist erreicht, wenn einerseits die Nutzung eines Ökosystems durch den Menschen, andererseits das biologische Gleichgewicht in diesem Ökosystem miteinander in Übereinklang stehen. Der Plenterwald ist unter den Waldökosystemen dafür ein gutes Beispiel. Er stellt eine ökologische Alternative zu den Fichtenmonokulturen dar.

Plenterwälder (z. B. Fichten-Tannen-Buchen-Gefüge) sind im Voralpen- und Alpengebiet eine weitverbreitete Waldform. Im Plenterwald[1] werden hiebreife Einzelbäume fortlaufend entfernt, so daß sich in den entstandenen Lichtinseln neue Pflanzen entwickeln können. Auf diese Weise regeneriert sich dieser Wald von selbst. Er beherbergt vom Sämling bis zum ausgewachsenen Baum Pflanzen aller Altersstufen und bietet vielen Tieren Lebensmöglichkeiten. Im Plenterwald gibt es kaum Massenvermehrungen von Schädlingen. Er gehört zu den stabilsten Waldökosystemen der gemäßigten Breiten. Da in den Plenterwäldern zum Abtransport der gefällten Bäume ein gutes Wegenetz unterhalten wird, haben sie auch als Erholungswälder für den Menschen große Bedeutung.

Bei der Produktion von Nahrungsmitteln werden heute vielfach biologische und chemische Methoden der Schädlingsbekämpfung aufeinander abgestimmt. Man spricht dann von *integrierter Schädlingsbekämpfung.* Ziel einer integrierten Schäd-

---

[1] plentern: „den Wald von den Blendern, den lichtraubenden Bäumen befreien" (Worterklärung in einem Forstlexikon aus dem Jahre 1774).

lingsbekämpfung ist die Erhaltung des biologischen Gleichgewichtes in den Lebensgemeinschaften und nicht die gezielte Ausrottung einer bestimmten Schädlingspopulation. Daher haben biologische Verfahren den Vorrang, und Pestizide sollen nur im Notfall zum Einsatz kommen.

5.4. Das Ökosystem See und seine Beeinflussung durch den Menschen

Seit vielen Jahren wird besonders in den Ballungsgebieten der Erdbevölkerung eine ständig wachsende Flut oft nur unzureichend geklärter Abwässer in Seen und ihre Zuflüsse eingeleitet. Ferner gelangen durch die zunehmende Luftverunreinigung z. B. in Industriegebieten immer mehr Schadstoffe mit Hilfe der Niederschläge in die Seen. Wie beeinflussen diese verschiedenen Stoffgruppen die Lebensvorgänge in einem See?
Um diese Frage beantworten zu können, muß man sich zuerst mit den Lebensvorgängen in einem nicht belasteten, von Schadstoffen aller Art möglichst freien See beschäftigen.
Einen See kann man als großen Wasserkörper betrachten, dem im Verlaufe der Jahreszeiten mehr oder weniger Sonnenenergie zugeführt wird. Welche physikalischen Veränderungen spielen sich dabei in diesem See ab? Hier wäre zuerst die Dichteanomalie des Wassers zu erwähnen. Darunter versteht man, daß Wasser bei ca. 4 °C seine größte Dichte (g/cm^3) erreicht, d. h. bei dieser Temperatur ist Wasser am schwersten. Kälteres und wärmeres Wasser sind leichter und zeigen gegenüber Wasser von 4 °C einen Auftrieb.
Für die Lebewesen im Ökosystem See bedeutet dies, daß das Tiefenwasser, unabhängig von der Jahreszeit, stets eine Temperatur von ca. 4 °C besitzt.

V 9
S. 96

Temp. °C	Dichte $\frac{g}{cm^3}$
0	0,99987
4	1,00000
5	0,99999
10	0,99973
15	0,99913
20	0,99823
25	0,99707

Tab. 63.1 Temperatur-Dichte-Zusammenhang beim Wasser

Eine weitere, für die Lebewesen des Sees wichtige physikalische Eigenschaft des Wassers ist seine geringe Wärmeleitfähigkeit. Sie beträgt 0,0056 J/cm grad sec. Der Wärmetransport im Wasserkörper eines Sees erfolgt vorwiegend im Oberflächenwasser in horizontaler Richtung durch den Wind. Ein vertikaler Wärmeaustausch zwischen dem warmen Oberflächenwasser im Sommer und dem kalten Tiefenwasser kann nicht stattfinden. Die physikalischen Eigenschaften des Wassers verursachen im Wasserkörper eines Sees, je nach Energiezufuhr im Sommer und Winter, einen verschiedenen Aufbau, der auch in den Lebensgemeinschaften zu erkennen ist.

V 10
S. 96

Der Autor dankt Herrn Direktor Dr. R. Zahner, Institut für Seenforschung, Langenargen, für die Überlassung der unveröffentlichten Manuskripte „Die limnologische Situation am Bodensee" und „Das Verhalten von Mineralöl in stehenden Gewässern".

Stagnationsphasen und Zirkulationsphasen im Wasserkörper eines Sees

Im Sommer beträgt die Temperatur des Oberflächenwassers eines Sees in unseren Breiten etwa 20 °C–24 °C. Wie ändert sich die Temperatur von der Seeoberfläche zum Seegrund? Eine genaue Messung an einem Sommertag gibt darüber Auskunft.

In den oberen Wasserschichten ändert sich die Temperatur des Wassers mit zunehmender Tiefe nur um wenige Grade. In der sich anschließenden Wasserschicht nimmt die Temperatur auf wenigen Metern sehr rasch ab, um sich dann bis zum Seegrund langsam auf 4 °C einzuspielen.

Diese Temperaturentwicklung führt im Sommer mit zunehmendem Sonnenstand zu einer stockwerksartigen Gliederung des gesamten Wasserkörpers im See. An der Oberfläche des Sees entsteht eine warme, leichtbewegliche Wasserschicht von geringem spezifischem Gewicht. Sie heißt *Deckschicht* oder *Epilimnion*. Diese Deckschicht „schwimmt" auf dem spezifisch schwereren Tiefenwasser. Sie kann vom Wind sehr leicht bewegt und umgewälzt werden. Daher finden im Sommer nur in der Deckschicht Wasserzirkulationen statt.

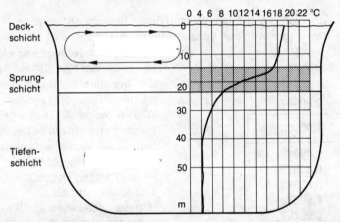

Abb. 64.1. Sommerstagnation in einem See: Sommer-Temperaturprofil

Auf die Deckschicht folgt eine Wasserschicht, die durch den sprunghaften Abfall der Temperatur gekennzeichnet ist. Man nennt sie deshalb auch *Sprungschicht*. An die Sprungschicht schließt sich das *Tiefenwasser* oder *Hypolimnion* an. Es ist durch eine relativ konstante Temperatur von 4 °C gekennzeichnet. Hier erreicht das Seewasser seine größte Dichte.

Dieses im Vergleich zur Deckschicht viel schwerere Tiefenwasser kann an den Zirkulationsvorgängen, die im Epilimnion vom Wind ausgelöst werden, nicht teilnehmen. Daher kann im Sommer zwischen dem Oberflächenwasser und dem Tiefenwasser kein vertikaler Austausch stattfinden. Diesen Zustand bezeichnet man als *Sommerstagnation*. Er ist für den Stoffkreislauf im See von größter Bedeutung. Das Verhältnis von Deckschicht zu Tiefenschicht kann in einem See recht verschieden sein. In flachen Seen ist das Hypolimnion nur schwach ausgebildet, während tiefe Seen über eine mächtige Tiefenwasserschicht verfügen können.

Der Zustand der Sommerstagnation im Wasserkörper eines Sees läßt sich in einem Modellversuch aufzeigen.

V 11
S. 97

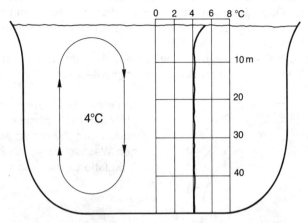

Abb. 65.1. Vollzirkulation in einem See: Herbst-Frühlings-Temperaturprofil

Mit sinkendem Sonnenstand im Herbst kommt es langsam zur Auflösung des Stockwerkbaues im Wasserkörper eines Sees. Die Temperaturunterschiede, die während des Sommers zwischen dem Oberflächenwasser und dem Tiefenwasser bestanden, gleichen sich allmählich aus. Damit Hand in Hand geht auch die Beseitigung der Dichteunterschiede des Seewassers. Dieser Zustand ist endgültig erreicht, wenn die Deckschicht des Sees die „hypolimnische Temperatur" von 4 °C erreicht hat. Nun ist der gesamte Wasserkörper des Sees „gleich schwer". Er kann vom Wind völlig umgewälzt werden, so daß Oberflächenwasser in die Tiefe gelangt und das Tiefenwasser an die Oberfläche. Der See befindet sich nun im Zustand der *Vollzirkulation*. Die Vollzirkulation kann man ebenfalls in einem Versuch zeigen.

V 12
S. 97

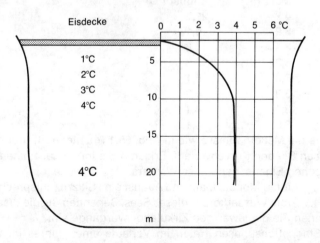

Abb. 65.2. Winterstagnation in einem See: Winter-Temperaturprofil

Mit dem Eintritt des Winters sinkt bei den meisten Seen die Oberflächentemperatur des Wassers bis zum Gefrierpunkt des Wassers ab. Dieses kältere Wasser ist leichter, bleibt also an der Oberfläche und überzieht den See schließlich mit einer Eisdecke. Unter dem Eis kommt der Wasserkörper des Sees völlig zur Ruhe. Man spricht daher auch von der *Winterstagnation* des Sees.

Im Frühjahr erreicht der See dann nach dem Abtauen des Eises erneut einen homothermen Zustand (4 °C) und damit die Möglichkeit zur Vollzirkulation.

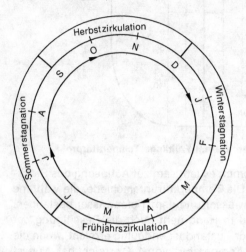

In den meisten Seen unserer geographischen Breitenlage kommt es im Verlaufe eines Jahres zu einem zweimaligen Wechsel zwischen Stagnation und Zirkulation.

Abb. 66.1. Jahreszyklus der Stagnations- und Zirkulationsphasen im See

Aufgaben

1. In einem See im Alpenvorland wurden im März und im August folgende Temperaturen gemessen:

Tiefe (m)	März (°C)	August (°C)
0	4,2	21,2
5	3,9	19,1
10	3,9	14,6
15	3,9	6,8
20	3,9	5,1
30	3,9	4,8
40	3,9	4,1
50	3,9	4,1

1.1. Stellen Sie die Meßergebnisse wie in Abb. 65.1 (rechter Teil) graphisch dar.

1.2. Beschreiben Sie den Kurvenverlauf. Erklären Sie ihn in Zusammenhang mit den physikalischen Eigenschaften des Wassers.

1.3. Fertigen Sie für die Monate März und August eine Skizze (entsprechend den Abb. 65.1. u. 64.1.) vom Wasserkörper dieses Sees. Benennen Sie die Wasserschichten und zeichnen Sie die jeweiligen Zirkulationsvorgänge ein.

2. Welche Stagnationsphasen treten im Verlaufe eines Jahres im Wasserkörper eines Sees auf? Wie unterscheiden sie sich voneinander?

Lebensräume und Lebensgemeinschaften im See

Jeder See bietet seinen Bewohnern zwei verschiedene Lebensräume: Den Freiwasserkörper (Pelagial) und den Gewässerboden (Benthal). Beim Gewässerboden unterscheidet man den Uferbereich (Litoral) vom Tiefenboden (Profundal). (Siehe Abb. 70.1) In der nachfolgenden Übersicht seien einige typische Pflanzen und Tiere aus den verschiedenen Lebensgemeinschaften eines Sees genannt.

Gewässerboden (Benthal):

Uferbereich (Litoral)		Tiefenboden (Profundal)	
Pflanzen	*Tiere*	*Pflanzen*	*Tiere*
Schilf, Rohrkolben, Simse, Schwertlilie, Fieberklee, Wasserpest, Seerose, Teichrose, Wasserhahnenfuß, Wasserknöterich, Pfeilkraut, Froschlöffel; Tausendblatt, Laichkräuter, Hornblatt, Armleuchtergewächse; Phytoplankton: Kraushaaralgen, Schraubenalgen, Schlauchalgen, Blaualgen, Grünalgen, Jochalgen, Kiselalgen, Geißelalgen;	Rohrsänger, Dommeln, Möwen, Seeschwalben, Bläßhühner, Haubentaucher, Stockenten, Schwäne; Zuckmücken, Schlammfliegen, Eintagsfliegen, Köcherfliegen, Libellen, Wasserkäfer; Larven dieser Insekten; Ringelnatter, Frösche, Kröten, Jungfische; Muscheln, Wasserschnecken; Süßwasserpolypen, Schwämme; Zooplankton: Ruderfußkrebse, Wasserflöhe, Blattfußkrebse, Rädertierchen; Wasserpilze, Bakterien	fehlen	Schlammröhrenwürmer, Fadenwürmer, Borstenwürmer, Zuckmückenlarven, Bakterien.

Freiwasserkörper (Pelagial):

Pflanzen	*Tiere*
Phytoplankton: Blaualgen, Grünalgen, Jochalgen, Kieselalgen, Geißelalgen;	Fische: Seeforellen, Barsche, Felchen, Trüschen, Saibling, Hecht; Zooplankton: Wie im Litoral.

Vorschlag für ein Referat

Charakteristische Pflanzen- und Tierarten aus den Lebensgemeinschaften eines Sees.
Lit. Biologiebücher der Unter- und Mittelstufe [41], [42], [43]. Diareihen: Der Teich (V-Dia-Verlag D 23006); Leben in der Seeuferzone 102305 FWU Grünwald 1976 mit Beiheft von H. Schmidt.

Wechselbeziehungen zwischen Produzenten und Konsumenten: Stoffaufbau und Stoffabbau im Materiekreislauf eines Sees

V 13.1
S. 98

Entnimmt man der Deckschicht eines Sees im Sommer mit Hilfe eines engmaschigen Nylonnetzes eine Wasserprobe und betrachtet sie im Mikroskop, so entdeckt man eine besonders charakteristische Lebensgemeinschaft des Sees: das Plankton (die Schwebenden). In der Planktonprobe kann man deutlich zwei große Gruppen von Lebewesen unterscheiden: das Phytoplankton und das Zooplankton.
Die Phytoplankter sind meist unbeweglich und fallen durch farbige Zelleinschlüsse auf. Sie gehören zu den Algen. Besonders häufig kommen vor: Blaualgen (Cyanophyceen), Grünalgen (Chlorophyceen), Geißelalgen (Flagellaten) und Kieselalgen (Diatomeen). Die Zooplankter sind im Vergleich zu den Phytoplanktern meist größer, sehr beweglich und besitzen oft einen durchsichtigen Körper. Viele Zooplankter sind einzellige Lebewesen (Protozoen). Sehr häufig treten niedere Krebse auf z. B. Ruderfußkrebse (Copepoda), Blattfußkrebse (Phyllopoda) und Rädertiere (Rotatoria), die zu den Schlauchwürmern gehören. (Siehe Anhang Tafel I–IV)

Stoffaufbau in der Nährschicht eines Sees

	t °C	O_2 mg/l	CO_2 mg/l	NO_3^- mg/l	PO_4^{3-} µg/l
Jan.	4,6	10,0	4,6	0,71	35
Feb.	4,6	10,0	3,5	1,13	36
März	4,3	10,2	2,5	0,93	62
April	5,6	10,1	3,3	0,70	64
Mai	9,0	14,7	0,0	0,45	11
Juni	14,7	11,0	0,0	0,31	10
Juli	19,8	11,9	0,0	0,27	1
Aug.	20,1	12,2	0,0	0,24	3
Sept.	19,6	11,0	0,0	0,11	1
Okt.	14,7	12,0	0,0	0,14	4
Nov.	8,7	10,5	1,0	0,45	22
Dez.	4,3	9,2	4,0	0,77	85

Tab. 68.1. Meßwerte im Jahre 1973 für Temperatur, Sauerstoff (O_2), Kohlendioxid (CO_2), Nitrat (NO_3^-), Orthophosphat (PO_4^{3-}) im Oberflächenwasser des Bodensees.
Entnahmestelle: Überlingersee (Seemitte), Entnahmetiefe 0 m.

Das Phytoplankton gehört zu den wichtigsten Primärproduzenten im Ökosystem See. Es findet in der obersten lichtdurchfluteten Wasserschicht eines Sees im Sommer sehr gute Lebensbedingungen. Ausgehend von Sonnenenergie, Kohlendioxid, Nitraten und Phosphaten, bauen die zur Photosynthese befähigten Phytoplankter energiereiche organische Verbindungen auf. Dabei entstehen z. B. Kohlenhydrate, Fette und Proteine. Sie dienen den Phytoplanktern zur Aufrechterhaltung ihres Betriebsstoffwechsels und zum Aufbau ihrer Körpersubstanz.
Wie aus Tabelle 68.1. ersichtlich ist, kann die Photosynthesetätigkeit des Phytoplanktons in den Sommermonaten so stark zunehmen, daß die Kon-

zentrationen des Kohlendioxides und der anorganischen Nährsalze im Oberflächenwasser sehr gering werden. Gleichzeitig erreicht der durch Photosynthese gebildete Sauerstoff Übersättigungswerte.
Dies kann man nachweisen, in dem man einem See eine Wasserprobe entnimmt und ihren Sauerstoffgehalt bestimmt. (O_2-Nachweis, S. 103)
Das Phytoplankton versorgt die gesamte Lebensgemeinschaft eines Sees mit energiereicher Nahrung. Daher nennt man die Deckschicht eines Sees, in der das Phytoplankton lebt, auch *Nährschicht* oder trophogene Zone.
Die Zooplankter besitzen vielfältige Strudel- und Filtereinrichtungen, mit deren Hilfe sie einzellige Phytoplankter und Bakterien als Nahrung aufnehmen können. Sie sind daher Primärkonsumenten und gehören der 2. Trophieebene des Ökosystem See an. Das Zooplankton selbst ist wiederum für viele Fische im See eine wichtige Nahrungsquelle.

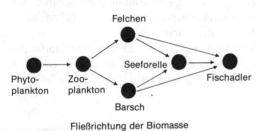

Abb. 69.1. **Ausschnitt aus dem Nahrungsnetz eines Sees**

Ordnet man die Lebewesen eines Sees in der Reihenfolge ihrer Nahrungsbeziehungen an, so ergibt sich eine Nahrungskette. Solche Nahrungsketten können sich verzweigen, so daß letztlich ein höchst kompliziertes Nahrungsnetz entsteht, in dem alle Lebewesen der Lebensgemeinschaft ihren festen Platz haben.
Durch das Nahrungsnetz des Ökosystems See fließt besonders im Sommer ein kontinuierlicher Strom von Biomasse. Diese wird auf ihrem Weg von den Lebewesen auf vielfache Weise chemisch umgebaut und abgebaut. Einen Teil der aufgenommenen Biomasse verwenden die Konsumenten zum Aufbau ihres eigenen Körpers, ein anderer Teil wird in ihrem Betriebsstoffwechsel zur Energiegewinnung mit Hilfe von Sauerstoff verbraucht (siehe S. 32). Dabei wird Kohlendioxid freigesetzt und in das Wasser abgegeben. Dieses Kohlendioxid können die Pflanzen wiederum zur Photosynthese verwenden. Es besteht also zwischen den Pflanzen und Tieren des Sees ein ständiger O_2/CO_2-Austausch (Abb. 70.1. rechter Teil). Den O_2/CO_2-Kreislauf im Wasser kann man mit Hilfe einer Wasserpflanze (z. B. der Wasserpest) und Wasserschnecken im Experiment zeigen.

V 6
S. 92

Stoffabbau in der Zehrschicht eines Sees

Die Planktonorganismen in der Nährschicht eines Sees leben im Sommer oft nur wenige Tage. Was geschieht mit der Biomasse, die in ihren Zellkörpern festgelegt ist? Zunächst kommt es in den toten Zellen mit Hilfe der in ihnen vorhandenen Enzyme zur Auflösung der Zellstrukturen. Dadurch werden viele niedermolekulare organische Verbindungen frei und im Wasser gelöst. Sie dienen den zahlreichen Bakterienarten (Destruenten), die im Oberflächenwasser vorhanden sind, als Substrat, das sie unter

V 14
S. 99

Sauerstoffverbrauch weiter abbauen. Durch diesen raschen Abbau der organischen Verbindungen stehen dem Phytoplankton im Sommer stets genügend anorganische Nährsalze für den Aufbau neuer Biomasse zur Verfügung.

Die in der Deckschicht eines Sees nicht abgebaute Biomasse sinkt langsam in das Tiefenwasser ab. Die dort lebenden Organismen bestreiten mit ihrer Hilfe ihren Lebensunterhalt. Daher nennt man die Tiefenschicht auch die *Zehrschicht* oder tropholytische Zone eines Sees.

In der Zehrschicht können nur Destruenten leben z. B. Bakterienarten, Insektenlarven, Schlammröhrenwürmer.

Wird die von den Produzenten gebildete Biomasse von den Destruenten wiederum vollständig abgebaut, so können sich keine organischen Abfallstoffe im See bilden. Der See befindet sich dann im Zustand der *biologischen Selbstreinigung*.

Der für die Abbauvorgänge notwendige Sauerstoff gelangt im Frühjahr und Herbst durch Vollzirkulation in das Tiefenwasser. Die dabei geschaffenen Sauerstoffvorräte müssen den Destruenten während der Stagnationsphasen ausreichen, da es in diesen Zeiten keinen Stoffaustausch mit dem Oberflächenwasser gibt.

Durch die Mineralisation der Biomasse im Hypolimnion schließt sich der Stoffkreislauf im See. Die bisher in organischen Molekülen gebundenen Elemente C, N, P und S liegen nun in anorganischen Verbindungen als Kohlendioxid (CO_2),[1] Nitrat (NO_3^-),[2] Phosphat (PO_4^{3-}) und Sulfat (SO_4^{2-}) vor.

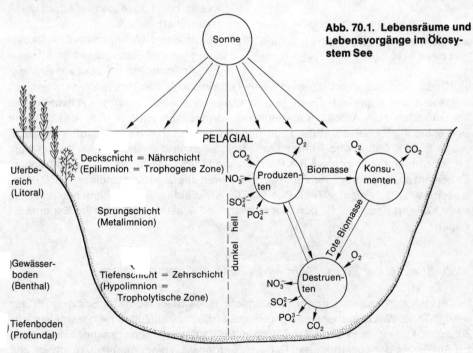

Abb. 70.1. Lebensräume und Lebensvorgänge im Ökosystem See

[1] Bestimmung der Wasserhärte S. 110.
[2] Bestimmung anorganischer Stickstoffverbindungen im Wasser S. 107–109.

Besonders wichtig für den Stoffkreislauf im See ist das weitere Schicksal der freigesetzten Phosphationen. Solange in der Wasser-Sedimentzone genügend Sauerstoff vorhanden ist, besitzt die Sedimentoberfläche oxidierende Eigenschaften. Dies hat zur Folge, daß die in ihrem Bereich stets vorhandenen Eisenionen vorwiegend als Fe^{3+}-Ionen vorliegen. Sie binden einen Teil der Phosphationen zu schwerlöslichem Eisen-III-phosphat ($FePO_4$) und entziehen sie damit dem Stoffkreislauf des Sees. Unter aeroben Bedingungen wirkt daher das Sediment als „Phosphatfalle". Dies ist für die Bildung neuer Biomasse im See sehr wichtig, da die Konzentration des löslichen Orthophosphates (PO_4^{3-}) als Minimumfaktor (S. 21) das Wachstum des Phytoplanktons begrenzt.

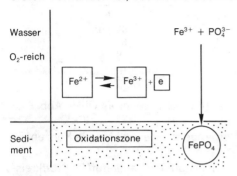

Abb. 71.1. **Phosphatbindung unter aeroben Bedingungen**

Die durch Mineralisation gebildeten Nährsalze gelangen mit Hilfe der Vollzirkulation in das Oberflächenwasser des Sees und stehen damit dem Phytoplankton für die erneute Produktion organischer Stoffe zur Verfügung.

Entnimmt man einem See mit Hilfe eines Planktonnetzes eine dichte Algensuspension, so kann man einerseits am Sauerstoffverbrauch, anderseits an der Phosphatfreisetzung den Mineralisationsvorgang im Verlaufe einiger Tage verfolgen. (O_2-Nachweis, S. 103; Phosphatnachweis, S. 106)

V 15
S. 100

Aufgaben

1. Im Bodensee wurden gegen Ende der Sommerstagnation (Oktober) in verschiedenen Seetiefen folgende Sauerstoff- und Kohlendioxidkonzentrationen gemessen:

Seetiefe m	CO_2 mg/l	O_2 mg/l
0	3,7	10,0
10	3,9	9,6
30	5,5	9,2
50	5,9	9,4
100	7,0	9,6
200	9,8	5,8
230	16,7	3,9
250 Obersee	18,1	2,3

1.1. Stellen Sie die Meßergebnisse wie in Abb. 64.1 (rechter Teil) graphisch dar.
1.2. Wie sind die Konzentrationsunterschiede beim Sauerstoff und beim Kohlendioxid in der Nährschicht und in der Zehrschicht zu erklären? Welche biologischen Vorgänge im See liegen ihnen zugrunde?
2. In den Tabellen ist die Jahresentwicklung und das Tiefenprofil der Orthophosphatkonzentration (PO_4^{3-}) im Bodensee (Überlinger See) angegeben.

Jahresentwicklung der PO_4^{3-}-Konzentration Entnahmetiefe: 0 m		Tiefenprofil der PO_4^{3-}-Konzentration im September und April		
Januar	35 µg/l		September	April
März	59	0 m	1	69 µg/l
Mai	11	10 m	1	67
Juli	1	30 m	66	69
September	1	50 m	73	72
November	22	100 m	79	76

2.1. Stellen Sie die Wertetabellen graphisch dar (für das Tiefenprofil wie in Abb. 64.1 rechter Teil).

2.2. Welche biologische und physikalische Vorgänge im See erklären die Konzentrationsänderungen des Phosphates?

3. Beschreiben Sie den Weg der Elemente Kohlenstoff und Sauerstoff im Stoffkreislauf eines Sees. (Skizze mit Bruttogleichungen)

4. Was versteht man unter der biologischen Selbstreinigung eines Sees? Warum ist sie vom Volumenverhältnis Nährschicht/Zehrschicht abhängig?

5. Berechnen Sie mit Hilfe der Tabellen (68.1 u. 105.1) die prozentuale Sauerstoffsättigung des Oberflächenwassers für die Monate Januar und Mai. Wie sind Übersättigungswerte zu erklären?

Motorbootfahrer behaupten immer wieder, daß sie im Sommer mit ihren Schiffsschrauben den Sauerstoffmangel, an dem viele Seen leiden, lindern helfen. Beurteilen Sie dieses Argument.

Seenalterung: Entwicklung vom nährstoffarmen zum nährstoffreichen See

In der „Jugendzeit" eines Sees wird in der Nährschicht nur sehr wenig Biomasse gebildet. Dies hat seinen Grund in der sehr geringen Konzentration des Seewassers an anorganischen Nährsalzen, besonders an Phosphat. Die sehr niedrige Phosphatkonzentration begrenzt als Minimumfaktor (s. S. 21) das Wachstum des Phytoplanktons, so daß insgesamt nur sehr wenig Biomasse durch das Nahrungsnetz des Sees fließen kann.

So war z. B. im Bodensee Anfang der dreißiger Jahre „zu keiner Jahreszeit und an keiner Stelle des Sees gelöstes Phosphat nachweisbar" [25].

Die geringen, aus dem geologischen Untergrund stammenden Phosphatmengen zirkulierten praktisch dauernd im Stoffkreislauf des Sees, so daß im Wasser kaum gelöstes Phosphat auftreten konnte.

In diesem *nährstoffarmen (oligotrophen)* Zustand waren alle Seen gegen Ende der letzten Eiszeit, also vor ca. 20 000 Jahren. Das Tiefenwasser oligotropher Seen bleibt zu allen Jahreszeiten sauerstoffreich, so daß die Mineralisation der Biomasse stets bis zu den anorganischen Endstoffen verläuft.

Mit der Zeit kommt es jedoch in vielen Seen zu einem langsamen Anstieg der anorganischen Nährstoffkonzentrationen des Wassers und damit zu einer vermehrten Produktion an Biomasse. Dies wird verständlich wenn man bedenkt, daß jeder

See durch Zuflüsse aus seinem Einzugsgebiet laufend mit Nährstoffen versorgt wird. Auch Auslaugungsvorgänge im Uferbereich tragen zur Erhöhung des Nährstoffstromes bei. In Verlaufe vieler Jahrtausende kann sich daher ein nährstoffarmer See zu einem *nährstoffreichen (eutrophen)* See entwickeln. Wie unterscheiden sich die beiden Seetypen von einander?

Das Phytoplankton in der Nährschicht eines eutrophen Sees erzeugt während der Sommerstagnation Jahr für Jahr große Mengen an Biomasse und Sauerstoff. Der Abbau dieser Biomasse erfordert in der Zehrschicht so große Sauerstoffmengen, daß die Sauerstoffvorräte während der Stagnationsphase im Tiefenwasser völlig aufgebraucht werden. Fehlt Sauerstoff im Tiefenwasser (anaerobes Milieu), so bildet die Sedimentoberfläche reduzierende Eigenschaften aus. Damit sind in der Kontaktzone Wasser-Sediment überwiegend Fe^{2+}-Ionen beständig. Dies hat zur Folge, daß Eisen-III-sulfat langsam wieder in Lösung geht. Es gelangt durch Vollzirkulation teilweise in die Deckschicht des Sees und trägt dort zur Produktionssteigerung bei.

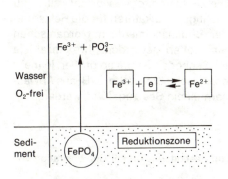

Abb. 73.1. **Phosphatfreisetzung unter anaeroben Bedingungen**

Hält der Sauerstoffmangel in der Seetiefe über viele Jahre an, so kommt es zu einer allmählichen Verlagerung der Abbauvorgänge. Der aerobe Abbau der Biomasse hört auf und wird durch den anaeroben Abbau ersetzt. Als Endprodukte des anaeroben Abbaues entstehen die z. T. giftigen *Faulgase,* Schwefelwasserstoff, Ammoniak, Methan, Kohlendioxid. Da der anaerobe Abbau der Biomasse sehr langsam verläuft, häufen sich mit der Zeit immer mehr organische Stoffe auf dem Seegrund an. Sie bilden den *Faulschlamm.*

In der Sedimentzone sammeln sich die auf anaerobem Wege gebildeten Faulgase an, entweichen schließlich aus

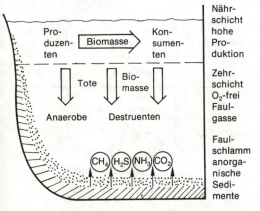

Abb. 73.2. **Stoffabbau im eutrophen See (anaerobe Bedingungen)**

dem Sediment und steigen zur Seeoberfläche auf. Dadurch gelangen weitere, bisher im Porenwasser der Sedimente eingeschlossene anorganische Pflanzennährstoffe in den Stoffkreislauf des Sees zurück und tragen so zu einer vermehrten Bildung von Biomasse bei. Die fortschreitende Auffüllung des Seebeckens mit organischen Sedimenten führt letztlich zu einer Verlandung des Sees.

Der natürliche Altersprozeß eines Sees nimmt Jahrtausende in Anspruch und verläuft sehr individuell. Er ist von vielen Faktoren abhängig, die von See zu See verschieden sein können. Besonders wichtig ist die Menge der zugeführten Nährstoffe, das Volumen des Wasserkörpers und die Seetiefe.

Aus der benthalen Lebensgemeinschaft eines Sees seien neben den zahlreichen Bakterienarten besonders die Schlammröhrenwürmer genannt. Sie spielen für den Stoffumsatz im Sediment eine große Rolle, da sie sich von den vorhandenen organischen Stoffen ernähren.

V 17
S. 101

Jahr	1936	1960	1967	1972
Anzahl/m²	3 000	180 000	280 000	480 000

Tab. 74.1. Anstieg der Schlammröhrenwürmer im Bodensee im Mündungsbereich der Flüsse (Bregenzerbucht)

Die Schlammröhrenwürmer sind zu wichtigen Indikatoren für die Belastung der Bodensedimente mit organischen Sinkstoffen geworden. Ihre Anzahl je m² Seeboden ist um so größer, je mehr organische Sinkstoffe, z. B. aus Abwässern einem See zugeführt werden.

Vorschlag für ein Referat

Der Schlammröhrenwurm und seine Lebensweise im Seeboden (Evtl. mit Demonstration von V 17, S. 101) Lit. [26] S. 112.

Zusammenfassung

	Oligotropher See	Eutropher See
Wasserfarbe (Sommer)	Blau	grünlich
Maximale Sichttiefe Minimale Sichttiefe	15–20 m 1– 2 m	2–3 m weniger 1 m
Phosphatgehalt (Frühjahr)	sehr gering	hoch
O_2-Gehalt Deckschicht (Sommer)	ausreichend	O_2-Übersättigung
O_2-Gehalt (Hypolimnion)	ausreichend	fehlt
H_2S-Gehalt (Hypolimnion)	fehlt	reichlich vorhanden
Sediment	anorganisch (kalkreich)	organisch (Faulschlamm)
Beispiele	Hochgebirgsseen (Bodensee vor 30 Jahren)	Seen mit starker Abwasserbelastung

Tab. 74.2. Vergleich: Oligotropher (nährstoffarmer) See – eutropher (nährstoffreicher) See

Beschleunigte Seenalterung durch Eingriffe des Menschen in den Stoffkreislauf eines Sees

Der von Natur aus sehr langsam verlaufende Übergang eines Sees vom nährstoffarmen in den nährstoffreichen Zustand wurde in den letzten Jahrzehnten durch Zuleitung großer Mengen von Phosphaten und organischen Stoffen in vielen Seen enorm gesteigert. Man hat diese fortschreitende Anreicherung eines Sees mit Nährstoffen als *Eutrophierung* bezeichnet. Oft werden in diesen Begriff auch die Folgen des erhöhten Nährstoffangebotes für das gesamte Ökosystem See mit einbezogen (Eutrophierung im weiteren Sinne). Eutrophierend wirken die Phosphate aus den Waschmitteln und Düngemitteln und die abbaubaren organischen Stoffe, die aus den Haushaltsabwässern stammen.

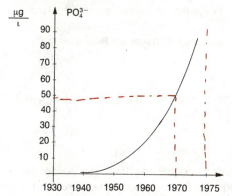

Abb. 75.1. Anstieg der Phosphatkonzentration im Bodensee (Märzwerte des Oberflächenwassers)

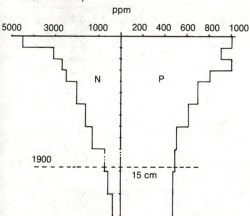

Abb. 75.2. Anstieg der N- und P-Konzentration in einem Sedimentkern des Bodensees seit dem Jahre 1900 Entnahmestelle: Seemitte; Seetiefe: 250 m (nach G. Müller)

Durch die Erhöhung der Phosphatkonzentration hat der Phosphor seine Bedeutung als Minimumstoff für das Algenwachstum weitgehend verloren. Dem Phytoplankton steht heute praktisch zu jeder Jahreszeit genügend Phosphat zur Produktion von Biomasse zur Verfügung. So ist z. B. im Bodensee die Populationsdichte bei den Phytoplanktern in den letzten 50 Jahren im Mittel um das 25fache angestiegen.

Sowohl die zugeführten, als auch die vom See selbst gebildeten organischen Stoffe müssen von den Destruenten in der Tiefenschicht abgebaut werden. Dabei kommt es bei vielen Seen im Verlaufe der Jahre zu einem immer größer werdenden Sauerstoffdefizit, das durch Vollzirkulation nicht mehr ausgeglichen werden kann. Dies hat zur Folge, daß immer mehr nicht vollkommen abgebaute organische Stoffe in den Sedimenten eines Sees abgelagert werden.

So haben Sedimentuntersuchungen am Bodensee ergeben, daß seit der Jahrhundertwende ein rascher Anstieg besonders von organischen Stickstoffverbindungen zu verzeichnen ist.

Bleibt das Hypolimnion eines Sees über viele Jahre hinweg frei von Sauerstoff, so treten anaerobe Abbauvorgänge auf, die zu Faulschlamm- und Faulgasbildung führen („Umkippen" des Sees).

Dies hat weitreichende Folgen für die gesamte Lebensgemeinschaft eines Sees. Besonders die höheren Organismen im See finden in dem von giftigem Schwefelwasserstoff und Ammoniak verseuchten Wasser keine Lebensmöglichkeiten mehr.

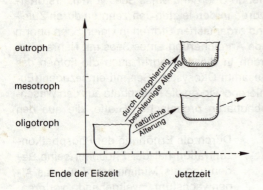

Viele Seen wären bei ungestörter, natürlicher Entwicklung noch für lange Zeit nährstoffarm und damit produktionsschwach und in ihrem Tiefenwasser sauerstoffreich geblieben. Erst durch die vom Menschen verursachte Eutrophierung hat sich in vielen Seen in wenigen Jahren ein Alterungsprozeß vollzogen, für den sie auf natürlichem Wege Jahrtausende benötigt hätten.

Abb. 76.1. Schema zur Seenalterung

Vorschläge für Referate

1. Beispiele für die Eutrophierung von Seen. Lit. [26] S. 132–152. (Auswahl eines Beispiels)
2. Die Phosphor-Inflation im Bodensee. Lit. [25] S. 51–55.

Aufgaben

Im Obersee und Untersee des Bodensees wurden gegen Ende der Sommerstagnation (Oktober) in verschiedenen Seetiefen folgende Sauerstoff- und Kohlendioxidkonzentrationen gemessen:

Seetiefe m	CO_2 mg/l	O_2 mg/l	Seetiefe m	CO_2 mg/l	O_2 mg/l
0	3,7	10,0	0	4,0	8,2
10	3,9	9,6	5	3,9	8,0
30	5,5	9,2	10	4,5	6,2
50	5,9	9,4	15	5,5	2,5
100	7,0	9,6	20	15,3	0,0
200	9,8	5,8			
230	16,7	3,9			
250	18,1	2,3			

Obersee (Maximale Tiefe 252 m) mittlere Tiefe 100 m | Untersee (Maximale Tiefe 45 m) mittlere Tiefe 20 m

1. In den dreißiger Jahren lag im Obersee der Sauerstoffgehalt des Hypolimnions auch im Herbst nie unter 80% der Sättigung.
Berechnen Sie mit Hilfe der Wertetabelle die Sauerstoffsättigung des Wassers in 100 m, 200 m, 230 m, 250 m Tiefe.
Wie ist der Rückgang der Sauerstoffkonzentration in den letzten Jahrzehnten im Tiefenwasser des Obersees zu erklären?
(Bei 4 °C beträgt die Sauerstoffsättigungskonzentration 12,70 mg/l siehe Tab. S. 105.1)

2. Vergleichen Sie die Sauerstoffkonzentrationen im Ober- und Untersee miteinander. Welche Aussagen lassen sich über den Eutrophierungsgrad der beiden Seeteile machen?

Sanierungsmöglichkeiten für das Ökosystem See

Hauptursache für den hohen Eutrophierungsgrad vieler Seen ist die Zufuhr großer Abwassermengen, die durch ihren Gehalt an Phosphat und abbaubaren organischen Substanzen den Stoffkreislauf des Sees schwer belasten. Ziel jeder langfristig angelegten Sanierungsmaßnahme muß es daher sein, den Eintrag der eutrophierend wirkenden Stoffe in den See zu verhindern. Die wichtigste Forderung der Ökologen zur Seensanierung lautet daher: Das Phosphat muß wieder zum Minimumfaktor für das Algenwachstum im See werden!

Reduzierung oder Ersatz der Waschmittelphosphate

Da die Waschmittelphosphate einen hohen Anteil am Phosphateintrag in die Gewässer haben, gibt es immer mehr Stimmen, die eine starke Reduzierung des Phosphatanteils der Waschmittel fordern, ja sogar völlig phosphatfreie Waschmittel verlangen. Dies wird verständlich, wenn man bedenkt, daß das Phosphat seine Rolle als Minimumfaktor erst bei einer Konzentration unterhalb 20 mg/m³ übernehmen kann, heute aber in den eutrophen Seen dieser Konzentrationswert um ein Mehrfaches überschritten wird. In Kanada wird bereits der größte Teil der Waschmittelphosphate durch einen neuen Stoff, das Nitrilotriazetat (NTA), ersetzt. Bei dieser Verbindung, die als Komplexbildner wirkt, besteht jedoch die Gefahr, daß sie Schwermetalle aus den Sedimenten freisetzt (s. S. 81).
Eine neuere Entwicklung zum Ersatz von Phosphaten in den Waschmitteln sind die wasserunlöslichen Na-Al-Silikate. Ihre Wirkung beruht auf dem Austausch der Härteionen des Wassers (Ca^{2+} und Mg^{2+}) gegen Na^+-Ionen.

Wichtigstes Waschmittelphosphat:

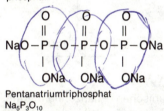

Pentanatriumtriphosphat
$Na_5P_3O_{10}$

Phosphatersatzstoffe für Waschmittel:

$N \begin{array}{l} -CH_2-COONa \\ -CH_2-COONa \\ -CH_2-COONa \end{array}$

Nitrilotriazetat

$xNa_2O \cdot Al_2O_3 \cdot ySiO_2 \cdot H_2O$
Na-Al-Silikat

Bau von dreistufigen Kläranlagen

Eine weitere Möglichkeit, die fortschreitende Eutrophierung eines Gewässers aufzuhalten, besteht in der Beseitigung der abbaubaren organischen Substanzen und möglichst auch der Phosphate durch eine Kläranlage.
Der Klärprozeß verläuft in mehreren Stufen:

Mechanische Stufe: Mit Hilfe von Rechen, Sieben, Filtern und Absatzbecken wird das Wasser von groben Teilchen z. B. Sand befreit.

Biologische Stufe: Hier verläuft mit Hilfe von Destruenten unter ständiger Sauerstoffzufuhr die Mineralisation der organischen Abwasserstoffe. Die wichtigsten Abbauvorgänge sind in der Übersicht dargestellt:

Abbau organischer Abwasserstoffe in der biologischen Klärstufe

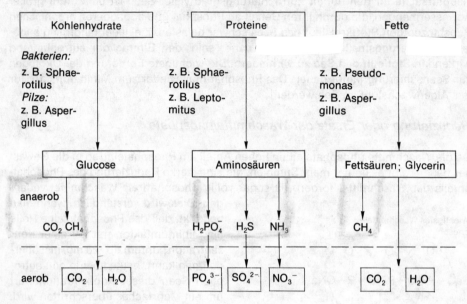

Chemische Stufe:
Die beim biologischen Klärprozeß gebildeten anorganischen Pflanzennährstoffe müssen aus dem Wasser entfernt werden, da sie im See eutrophierend wirken. Durch Fällung mit $FeCl_3$ kann das Phosphat zum größten Teil aus dem Wasser beseitigt werden. Zur Zeit arbeiten die meisten Kläranlagen nur mit einer mechanischen und biologischen Stufe. Der Ausbau der chemischen Klärstufe ist dringend nötig, will man der in vielen Seen immer noch fortschreitenden Eutrophierung Herr werden.

Vorschlag für ein Referat

Bau und Funktion einer dreistufigen Kläranlage (mit Flußdiagramm). Lit. [6], [21; 1/78] [16] S. 94, [10] S. 100

Momentane Hilfe für stark eutrophierte Seen
Hypolimnische Seenbelüftung

In vielen kleinen Seen, die nicht allzu tief sind, ist die Eutrophierung infolge besonders hoher Abwasserlasten sehr weit fortgeschritten. Ihr Hypolimnion ist praktisch ohne Sauerstoff, so daß es unentwegt zu Faulschlamm- und Faulgasbildung kommt.

Durch Luftzufuhr im Tiefenwasser mit Hilfe des in den letzten Jahren entwickelten Limnoaggregates kann solchen Seen wenigstens vorübergehend geholfen werden. Das Limnoaggregat erlaubt eine Sauerstoffanreicherung des Tiefenwassers, ohne daß dabei die Temperaturschichtung des Wasserkörpers durch Umwälzung verloren geht. Sonst besteht die Gefahr, daß nährstoffreiches Tiefenwasser in die Deckschicht gelangt und dort die Eutrophierungsprozesse noch weiter verstärkt. Das Gerät wird etwas oberhalb des Seebodens in der Tiefenschicht verankert und über ein Rohr durch einen am Ufer installierten Kompressor mit Luft versorgt. Das Seewasser gelangt in die Belüftungskammer des Gerätes und nimmt dort aus der Druckluft Sauerstoff auf. Über Verteilerrohre kommt das sauerstoffreiche, aber luftblasenfreie Wasser in den See zurück. Die überschüssige Luft wird durch ein Entlüftungsrohr an die Seeoberfläche abgeleitet. Sie enthält auch Methan, Kohlendioxid und Schwefelwasserstoff. Mit dem Limnogerät kann man dem Wasser auch phosphatfällende Stoffe zuführen.

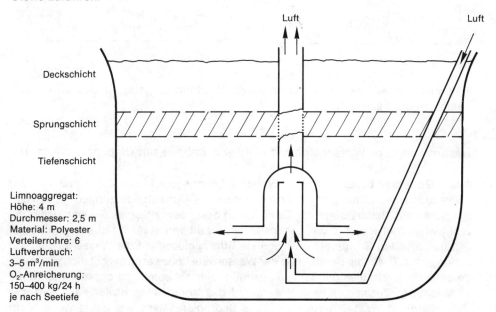

Abb. 79.1. Limnoaggregat in der Tiefenschicht eines Sees (Sommerstagnation)

Das Limnoverfahren ist besonders bei solchen Seen notwendig, deren biologisches Selbstreinigungsvermögen durch jahrelange hohe Abwasserzufuhren weitgehend zerstört wurde.

Aufgaben

Im Grebiner See (kleiner stark eutrophierter See in Ostholstein) war im Sommer 1972 (Mai–Oktober) ein Limnoaggregat ständig im Betrieb. Neben Sauerstoff wurden dem Tiefenwasser auch phosphatfällende Salze zugeführt.

In der Skizze sind die Produktionsdaten, die Sauerstoffkonzentrationen und der Temperaturverlauf vor (1971) und nach der Belüftung (1972) dargestellt.

1. Erläutern Sie die Skizzen und beurteilen Sie mit ihrer Hilfe den Erfolg der Seenbelüftung.

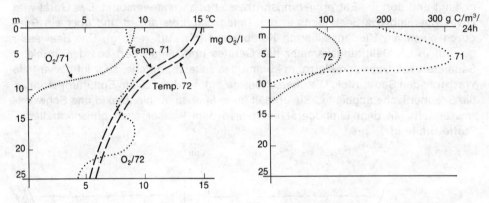

2. Vergleichen Sie die im vorhergehenden Abschnitt dargelegten Sanierungsmaßnahmen untereinander.

Bestimmung der Wassergüte mit Hilfe von Lebewesen (Saprobiensystem)

Jedes Gewässer beherbergt eine typische Lebensgemeinschaft. Innerhalb dieser Lebensgemeinschaften gibt es Arten, denen die Umweltbedingungen (z. B. Nahrungsangebot, Sauerstoffgehalt, Temperatur) besonders zusagen. Sie sind daher mit zahlreichen Individuen in der Lebensgemeinschaft vertreten. Als „Leitorganismen" des betreffenden Gewässers erlauben sie Rückschlüsse auf die Wasserqualität. So haben sich z. B. für die Beurteilung der Wassergüte Lebewesen als nützlich erwiesen, deren Individuenzahlen mit der Konzentration der abbaufähigen organischen Stoffe im Wasser in Zusammenhang stehen. Auf das Vorkommen dieser Fäulniserreger (Saprobien) im Wasser bezieht sich das Saprobiensystem, das heute vielfach zur Klassifizierung der Wassergüte herangezogen wird.

Nach dem Saprobiensystem unterscheidet man vier Wassergüteklassen: die Abwasserzone mit polysaproben Organismen (Klasse IV), die Übergangszone A mit α-mesosaproben Organismen (Klasse III), die Übergangszone B mit β-mesosaproben Organismen (Klasse II), die Reinwasserzone mit oligosaproben Organismen (Klasse I). (Siehe Tab. 81.1. und Tafeln I–V S. 117–124)

Wasser-güteklasse	Verschmut-zungsgrad	Leit-organismen	Keimzahl pro cm³	O_2-Gehalt	CSB**	Sapro-bienstufe
IV	sehr hoch ungeklärtes Abwasser	Abwasserpilze (z. B. Sphaerotilus) Schwefelbakterien, Wimpertierchen, Tubifex	sehr hoch $> 10^5$	O_2-frei	200	poly-saprob
III	hoch	Kieselalgen, Grünalgen, Geißel- und Wimpertierchen Schlammegel, Schnecken, Muscheln	10^5	O_2 vorhanden, hohe Zehrung	20–60	α-meso-saprob
II	gering z. B. Badeseen; Trinkwasserentnahme nach Aufbereitung möglich	Grünalgen, Kieselalgen, Flagellaten, Rädertiere, Kleinkrebse, Eintagsfliegenlarven	10^4	O_2-reich	8–9	β-meso-saprob
I	kaum verschmutzt, Quellwasser, Gebirgsbäche.	wenig Plankter, Quellmoos, Planarien, Köcherfliegenlarven	10^2	sehr O_2-reich	1–2	oligo-saprob

Tab. 81.1. **Saprobiensystem zur Klassifizierung der Wassergüte**
(Siehe Anhang Tabellen I–IV)

Schadstoffe in den Sedimenten eines Sees

Seit der Jahrhundertwende treten in den Sedimenten der Seen in zunehmendem Maße Schadstoffe auf. Dabei handelt es sich vorwiegend um Ionen von Schwermetallen und um Öle auf Kohlenwasserstoffbasis.
Die Schwermetalle z. B. Blei (Pb), Zink (Zn), Kadmium (Cd) und Quecksilber (Hg) stammen aus Industrieabwässern und im Falle des Bleis aus der Verbrennung von Autokraftstoffen. Ferner aus der Flugasche*), die besonders bei der Kohleverbrennung entsteht und über die Luft in die Gewässer gelangt.

---

*) (Nach Angaben der Physikalisch-Technischen Bundesanstalt in Braunschweig gibt ein Steinkohlekraftwerk mit einer Leistung von 300 MW im Jahr 500 t Flugasche mit der Abluft an die Umgebung ab).
**) CSB s. S. 110.

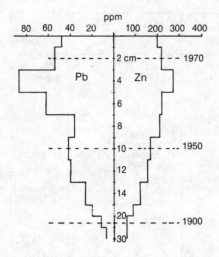

Die z. B. in den meisten Sedimentkernen des Bodensees „zu beobachtende Abnahme der Schwermetallgehalte in den jüngeren Sedimentlagen könnte dem generellen Rückgang des Kohlenverbrauches, verursacht durch die verstärkte Verwendung von Erdölprodukten in den letzten 10–20 Jahren, entsprechen". (nach G. Müller)

Abb. 82.1. Pb- und Zn-Konzentrationen in einem Sedimentkern des Bodensees: Argen-Mündung 186 m Wassertiefe ppm bezogen auf Trockengew. (nach G. Müller)

Wie werden Schwermetallionen im Sediment eines Sees abgelagert?

Zunächst sei hier der Weg des Quecksilbers im Ökosystem See näher dargestellt. Im Jahre 1971 wurden von der bundesdeutschen Industrie etwa 660 t Quecksilber verarbeitet. $^1\!/_3$ dieser Quecksilbermenge (220 t) ging bei Umsetzungen in den verschiedenen Industriezweigen verloren. Diese Quecksilbermenge gelangt in das Wasser oder in die Atmosphäre.

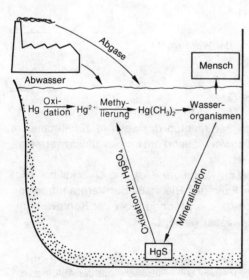

Abb. 82.2. Ablagerung von Schwermetallionen in einem See

Im Wasser wird elementares Quecksilber mit Hilfe von Mikroorganismen relativ rasch zu Hg^{2+}-Ionen oxidiert. Ebenso kann das sehr schwerlösliche Quecksilbersulfid von Bakterien, allerdings viel langsamer, zu Quecksilbersulfat ($HgSO_4$) oxidiert werden. Die gebildeten Hg^{2+}-Ionen werden nun auf bakteriellem Wege methyliert. Dabei entstehen sehr giftige metallorganische Verbindungen z. B. das Dimethylquecksilber ($Hg(CH_3)_2$). In dieser Form nehmen die Wasserorganismen das Quecksilber auf und speichern es in ihrer Biomasse.

Über die Nahrungsketten erreicht es auch den Menschen. Durch Mineralisation der Biomasse im Stoffkreislauf des Sees gelangt es schließlich auf den Seegrund und bleibt dort als sehr schwerlösliches Quecksilbersulfid

(HgS) gebunden. Allerdings kann es durch Oxidation zu $HgSO_4$ erneut in den Kreislauf eingeführt werden.
Neben dem Quecksilber können auch die Ionen der Schwermetalle Zink, Cadmium und Blei in den Sedimenten der Seen auftreten. Ihre Bindung im Sediment kann durch Kationenaustausch an Tonmineralien erfolgen. Auch chemische Reaktionen wie Fällung und Mitfällung z. B. mit Hilfe von schwerlöslichen Eisen- und Manganverbindungen können zur Sedimentbindung dieser Schwermetallionen beitragen. Dadurch werden diese Ionen dem Stoffkreislauf des Sees endgültig entzogen und stellen keine Gefahr für die Lebensgemeinschaft dar.
Treten im Wasser jedoch Komplexbildner auf, wie z. B. das Nitrilotriazetat, das als Ersatz für die in den Waschmitteln enthaltenen Phosphate im Gespräch ist, so kommt es zu einer Wiederauflösung der in den Sedimenten absorbierten Schwermetallen. Auf diesem Wege könnten sie in das Nahrungsnetz eines Sees und, da viele Seen Trinkwasserspeicher sind, auch in das Trinkwasser gelangen. Schwermetalle sind für alle Lebewesen gefährliche Giftstoffe.

Vorschlag für ein Referat

Gesundheitsschäden beim Menschen durch Schwermetalle. Lit. [16] S. 87, [31] S. 386–391.

Wie gelangen Öle auf den Grund eines Sees?

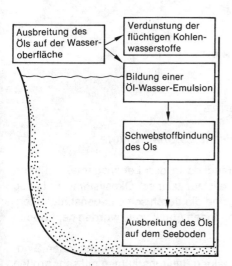

Abb. 83.1. **Öltransport im Wasserkörper eines Sees**

Das in das Wasser eindringende Öl breitet sich rasch auf der Wasseroberfläche aus. Dabei verdampfen die flüchtigen Kohlenwasserstoffe des Ölgemisches. Das zurückbleibende Öl bildet mit dem Wasser, je nach Bewegung der Wasseroberfläche, mehr oder weniger stabile Emulsionen. Die im Wasser emulgierten Ölanteile binden sich nun an die in der obersten Wasserschicht vorhandenen anorganischen und organischen Schwebstoffteilchen. Für diese Schwebstoffbindung des Öls kommen im Wasser suspendierte mineralische Teilchen (z. B. Tontrübe) und, besonders im Sommer, die Plankter des Epilimnions in Frage.

Durch den Kontakt mit dem Öl verlieren die Schwebstoffe, vor allem die Plankter, ihre Schwebefähigkeit im Wasser und sinken in die Seetiefe ab. Dabei wird ein Teil der Kohlenwasserstoffe von den Bakterien abgebaut und in einfachere Verbindungen zerlegt. Erreicht das Öl den Seegrund, so überzieht es dort die Sedimentoberfläche mit einem feinen Ölfilm und dringt kapillar in die Porenräume der obersten Sedimentzone ein. Der feine Ölüberzug unterbindet die Sauerstoffversorgung der aeroben Sedimentbakterien, so daß anaerobe Abbauvorgänge mit der Zeit die Oberhand gewinnen. Faulschlamm- und Faulgasbildung sind daher letztlich die Folge der Verölung eines Gewässers.

Probeentnahme	KW-Gehalt in mg/kg (Naßsediment)
Langenargen	148
Bregenzerbucht	96
Seemitte 1	58
Seemitte 2	58

Tab. 84.1. Kohlenwasserstoffgehalte aus Sedimentproben des Bodensees

Untersuchungen an Sedimenten des Bodensees haben ergeben, daß der Kohlenwasserstoffgehalt im Bereich der Flußmündungen besonders hoch ist, während er zur Seemitte hin abnimmt. Im Durchschnitt beträgt der Ölgehalt der Sedimente im Bodensee 1 g/m^2. Dies entspricht einer Ölmenge von 600 t.

Während die Süßwasserökosysteme vorwiegend durch destillierte Ölprodukte verunreinigt werden, kommt es im Meer z. B. durch Tankerunfälle, immer wieder zu schweren Ölkatastrophen, bei denen nichtdestilliertes Rohöl in das Meer gelangt. Verdunstung, Emulgierung und Schwebstoffbindung des Rohöls erfolgen im Salzwasser in ähnlicher Weise wie im Süßwasser. Eine Quelle zusätzlicher Verschmutzung des Meeres bilden jedoch die schwimmfähigen festen Kohlenwasserstoffe des Rohöls (Bitumen, Teer), die durch Meeresströmungen häufig die Küsten erreichen und Badestrände verunreinigen.

Vorschlag für ein Referat

Ölkatastrophen durch Tankerunfälle.
Lit.: Umschau in Naturwissenschaft und Technik. H 15/78. S. 468–475.

5.5. Der Verstoß gegen das Kreislaufprinzip

Unterbrechung und Überlastung ökologischer Stoffkreisläufe

Ursprünglich war der Mensch „normales" Mitglied in den Lebensgemeinschaften und hatte Anteil am Energiefluß und Materiekreislauf „seines" Ökosystems. Er bezog seine Nahrung von den Pflanzen und Tieren, und die durch seine Lebenstätigkeiten, wie z. B. Verdauung und Stoffwechsel, entstandenen Abfallstoffe wurden dem Boden zurückgegeben.

Mit dem exponentiellen Anwachsen der menschlichen Population entstanden Siedlungen und Städte, die im Laufe der Zeit zu riesigen Ballungsräumen mit sehr großen Einwohnerzahlen zusammenwuchsen. Der größte Teil der heute lebenden Menschen bezieht seine Nahrung aus den pflanzlichen und tierischen Monokulturen. Die durch den menschlichen Stoffwechsel entstandenen Abfallprodukte können jedoch nicht mehr, wie es der ökologische Stoffkreislauf verlangt, in die Produktionsgebiete zurückgeführt werden. Sie werden mit dem Haushaltsabwasser in Flüsse und Seen eingeleitet. Auf diese Weise entsteht in den Produktionsgebieten ein großes Defizit an Pflanzennährstoffen, das durch Zufuhr von Kunstdünger ausgeglichen werden muß. So wurden z. B. zum Ausgleich für fehlenden Naturdünger und zur Ertragssteigerung im Jahre 1950 15,2 Millionen t, im Jahre 1970 67,9 Millionen t Kunstdünger auf der Erde verbraucht.

Während der Stoffkreislauf in den Monokulturen unterbrochen ist, kommt es im Stoffkreislauf der aquatischen Ökosysteme, die die Haushaltsabwässer aufnehmen müssen, zu einer Überlastung der Stoffkreisläufe (siehe, Eutrophierung, S. 75).

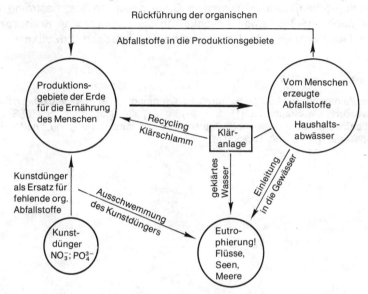

Abb. 85.1. Unterbrechung und Überlastung ökologischer Stoffkreisläufe durch den Menschen

5.6. Belastung der natürlichen Stoffkreisläufe mit systemfremden Substanzen

In der Biosphäre der Erde gibt es für jedes im Stoffkreislauf zirkulierende Molekül Destruenten, die es wieder abbauen können. Solange der Mensch nur ökologisch abbaubare Stoffe für seine Zwecke verwendete (z. B. Holz, Leder, Pflanzenfasern, Karbonseifen), konnten alle aus diesen Stoffen gefertigten Produkte, nachdem sie ihre Aufgabe erfüllt hatten, wiederum in den ökologischen Stoffkreislauf eingeschleust und damit abgebaut werden.

Betrachtet man den vom Menschen durch seine vielseitigen Technologien in Gang gesetzten Materiestrom, so fällt zweierlei auf: er enthält viele für Lebewesen giftige Substanzen, die als wertlose Nebenprodukte der Herstellungsprozesse anfallen; und er führt oft zu Endprodukten, die auf Grund ihrer chemischen Struktur für Destruenten nicht abbaubar sind (z. B. Kunststoffe).

Das Problem der giftigen Abfallstoffe ist bis heute nicht gelöst. Häufig werden sie unerlaubt in Mülldeponien, die dafür nicht geeignet sind, gelagert und stellen damit eine große Gefahr für die Umwelt dar. Die nicht abbaubaren Abfallstoffe werden verbrannt, dabei kommt es oft zu einer starken Belastung der Luft durch Chlorwasserstoff oder Schwefeldioxid (Referat 1 und 2).

Kurioserweise werden viele Industrieabfälle als Industrieabwässer in die Flüsse eingeleitet, obwohl bekannt ist, daß die Lebewesen dieser Ökosysteme diese Stoffe nicht abbauen können, sondern durch sie schwer geschädigt werden.

Die technologischen, vom Menschen in Gang gesetzten Materieströme verlaufen linear, sie haben häufig keinen Anschluß an die ökologischen Kreisprozesse der Biosphäre. Darin liegt eine der Hauptursachen der heutigen Umweltkrise.

Vorschläge für Referate

1. Die Verunreinigung der Luft (z. B. durch Kohlenmonoxid, Schwefeldioxid, Stickstoffoxide, Kohlenwasserstoffe, Staub). Lit. [15] S. 119–133; [31] 336–353; [16] S. 28; [10] S. 126.
2. Der Müllanfall in der Bundesrepublik Deutschland und seine Beseitigung. Lit. [15] S. 112–119; [31] S. 420–459; [16] S. 108; [10] S. 171.

Experimenteller Teil

Versuch 1 — Abhängigkeit der Photosynthese vom Licht, vom Kohlendioxid und von intakten Chloroplasten

Material

4 Bechergläser (1 l), 4 Trichter, 4 Reagenzgläser, Lichtquelle, 4 frische Sprosse der Wasserpest, Kaliumhydrogenkarbonat ($KHCO_3$)

Durchführung

Die Sprosse der Wasserpest werden auf die vier Bechergläser verteilt (siehe Skizzen). Glas 1, 3, 4 erhalten je 1 g $KHCO_3$. Glas 3 stellt man dunkel. In Glas 4 wird die Wasserpest vor Versuchsbeginn abgekocht. (Belichtungszeit einige Stunden)

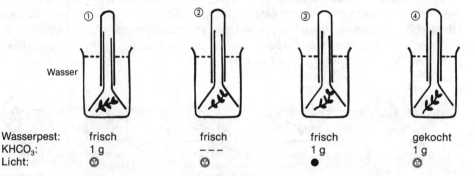

	①	②	③	④
Wasserpest:	frisch	frisch	frisch	gekocht
$KHCO_3$:	1 g	– – –	1 g	1 g
Licht:	☼	☼	●	☼

Abb. 87.1 Versuchsablauf zur Photosynthese

Aufgaben

1. Führen Sie mit dem Gas, das sich in den Reagenzgläsern ansammelt, die Glimmspanprobe durch. Warum entstehen recht unterschiedliche Gasmengen?
2. Becherglas 2 wird mit einigen Tropfen Bromthymolblaulösung versetzt. Nun leitet man solange CO_2 durch das Glas, bis der Indikator nach Gelb umschlägt und belichtet nochmals einige Stunden.
   Wie ist die Änderung der Indikatorfarbe nach der Belichtungszeit zu erklären?
   (Siehe Nachweis der CO_2-Konzentration des Wassers mit Hilfe von Bromthymolblau S. 102.)

Versuch 2 Nachweis von Stärke in den grünen Blättern belichteter Pflanzen

Material

Etwa zwei Wochen alte Bohnenpflanzen (Phaseolus vulgaris), Bechergläser, Wasserbad, Aluminiumfolie, Lichtquelle (100 W).

Reagenzien

Spiritus oder Azeton, Lugolsche Lösung (1 g KI in 150 cm^3 Wasser lösen und 0,5 g Iod zugeben)

Durchführung

Die Bohnenpflanzen werden 24 Stunden vor Versuchsbeginn dunkel gestellt. Bei Versuchsbeginn wird Vorder- und Rückseite eines Blattes pro Pflanze mit einer Aluminiumfolie abgedeckt. In der Alufolie ist z. B. ein Kreuz ausgeschnitten. Die Pflanzen werden unter einer 100-Watt-Lampe im Abstand von 25 cm 4 Stunden belichtet.
Nach der Belichtungszeit wird die Schablone entfernt, das Blatt abgeschnitten und 1–2 Minuten in siedendes Wasser gelegt. Danach wird es in heißen Spiritus (nicht mit offener Bunsenflamme erwärmen!) gelegt, bis sich das Chlorophyll herausgelöst hat. Nun wird das Blatt abgespült und in die Lugolsche Lösung gebracht. Nach etwa 5 Minuten ist der Stärkenachweis beendet.

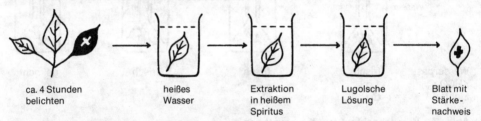

Abb. 88.1. Versuchsablauf zum Stärkenachweis

Aufgaben und Fragen

1. Beobachten Sie die Veränderungen des Blattes während des Versuches und führen Sie darüber ein Protokoll. Wie sind die Veränderungen zu erklären?
2. Warum müssen die Pflanzen vor dem Versuch im Dunkeln stehen? Welchen Zweck hat das Eintauchen in heißes Wasser?
3. Verwenden Sie für diesen Versuch die Blätter von panaschierten Pflanzen (z. B. Efeublätter). Warum können Sie hier auf Abdunkeln und Schablone verzichten?

Versuch 3 — Herstellung eines Blattquerschnittes

Material

Blätter der Christrose (Helleborus niger) als Frischmaterial, Holundermark, Rasierklingen, Objektträger, Deckgläser, Mikroskop

Durchführung

Aus einem Blatt wird parallel zur Blattrippe ein schmaler Streifen Blattgewebe herausgeschnitten. Den Gewebestreifen legt man zwischen Holundermark und stellt mit Hilfe einer Rasierklinge einen möglichst dünnen Querschnitt her. Den Schnitt legt man in einen Wassertropfen auf dem Objektträger, bedeckt ihn mit einem Deckglas und betrachtet ihn bei stärkerer Vergrößerung unter dem Mikroskop.

Aufgabe

Zeichnen Sie den Blattquerschnitt. Benennen Sie die am Blattaufbau beteiligten Gewebeschichten (Beschriftung).

Versuch 4 — Wirkung des Umweltfaktors CO_2 auf Mais- und Bohnenpflanzen

Material

2 Blumentöpfe mit gedampfter Erde aus der Gärtnerei, pro Blumentopf 2 Mais- und 2 Bohnenpflanzen etwa 10 Tage alt, 2 Glasglocken mit Stopfenbett (Höhe 350 mm, Durchmesser 250 mm), Gummistopfen zweifach durchbohrt mit Trichter und Thermometer, 2 Glasplatten, 2 Bechergläser 100 cm^3, Neonlampe mit 2 Stäben

Reagenzien

Natronlauge (fest), Kohlensäure, Bromthymolblau (alkoholische Lösung) als Indikator

Durchführung

Die beiden Blumentöpfe mit den Mais- und Bohnenpflanzen werden auf Glasplatten gestellt und mit je einer Glasglocke bedeckt. In eine Glasglocke wird ein Becherglas mit Natronlauge (ca. 20 Pastillen) gestellt, die andere erhält ein Becherglas mit Kohlensäure, das etwa jeden 2. Tag mit frischer Säure aufgefüllt wird (S. 102, CO_2-Nachweis). Nun werden beide Glasglocken dem Neonlicht oder der Sonne

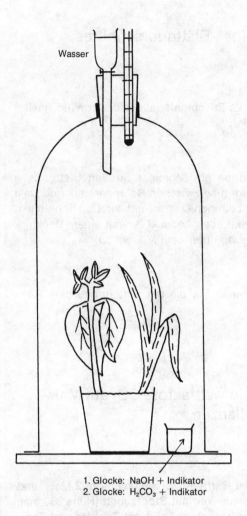

ausgesetzt. Die Temperatur in den Glocken sollte ca. 27 °C nicht übersteigen. Die Pflanzen werden bei Bedarf gegossen. Der Versuch nimmt etwa 10 Tage in Anspruch. Die Maispflanze verfügt, im Gegensatz zur Bohne, über einen besonders effektiven physiologischen Mechanismus zur CO_2-Fixierung, der ihr Auskommen mit geringsten CO_2-Konzentrationen der Luft verständlich macht.

1. Glocke: NaOH + Indikator
2. Glocke: H_2CO_3 + Indikator

Abb. 90.1. Versuchsanordnung zum Bohnen-Mais-CO_2-Experiment

Aufgaben

1. Zeitlichen Ablauf des Versuchs notieren, Beobachtungen in einer Tabelle zusammenfassen.
2. Für beide Pflanzen in den zwei verschiedenen Glasglocken eine Tabelle der versuchsabhängigen Umweltfaktoren erstellen, optimale Faktoren mit ⊕, pessimale mit ⊖ kennzeichnen.
3. Wie reagiert die Natronlauge mit CO_2? (Gleichung); wie ist der Farbumschlag des Indikators zu erklären?

Vorschlag für ein Referat

Photosynthese-Spezialisten: Die C_4-Pflanzen. Lit. [29] Band 2, S. 179–182.

Versuch 5 Simulationsspiel zum Räuber-Beute-Verhältnis

Lit. [22], [40a]

Material

Kleine Glaswanne, 5 Bechergläser, 200 rote Kugeln, 200 blaue Kugeln, 100 gelbe Kugeln. (Gut geeignet sind kleine Murmeln, wie sie im Fachhandel angeboten werden, 100 St. ca. 0,75 DM.)

Durchführung

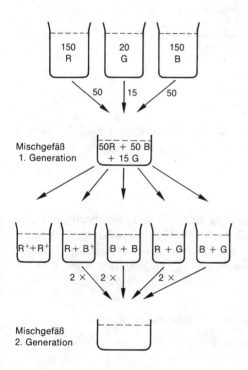

Abb. 91.1. Simulationsspiel

Den Vorratsgefäßen werden 50 rote Kugeln, 50 blaue Kugeln und 15 gelbe Kugeln entnommen und im Mischgefäß gründlich durcheinander geschüttelt.
Nun entnimmt man dem Mischgefäß zufällige Kugelpaare und verteilt sie auf die bereitgestellten und gekennzeichneten Bechergläser. Mögliche Paarbildungen und ihre biologische Bedeutung:
(Symbolik: Rote Kugel = Räuber = R; Blaue Kugel = Beute = B; Gelbe Kugel = Versteckmöglichkeit für die Beute = G)
1. R + R: Räuber findet keine Beute, er muß verhungern und kommt nicht in die nächste Generation.
2. R + B: Räuber fängt Beute. Beutetier überlebt nicht. Räuber kann sich vermehren.
3. B + B: Beutetiere überleben und können sich vermehren.
5. R + G: Räuber findet keine Beute. Er kann aber in die nächste Generation, darf sich jedoch nicht vermehren.
5. B + G: Beutetiere finden Versteck und überleben. Sie können sich vermehren.

Das Kugelpaar G + G ist biologisch ohne Bedeutung. Man legt es in das Vorratsgefäß zurück. Jeder neuen Generation müssen zu Beginn stets 15 „Versteckkugeln" zugesetzt werden.
Nun werden die Kugeln in den Bechergläsern aussortiert:
Die „toten" Räuber und die „gefressenen" Beutetiere (R†, B†) legt man in die Vorratsbehälter zurück. Die überlebenden Räuber- und Beuteorganismen kommen in

das Mischgefäß (2. Generation). Ihre Anzahl wird auf das Doppelte ergänzt (2 ×), da sie sich vermehren konnten. Man entnimmt daher den Vorratsgefäßen die entsprechenden Kugeln und legt sie in das Mischgefäß. Ferner werden wieder 15 gelbe Kugeln zugesetzt.

Anregung für Facharbeiten

1. Stellen Sie eine Wertetabelle über viele Generationen auf. Tragen Sie die Zahl der Räuberkugeln und Beutekugeln in ein Koordinatensystem ein. (Y-Achse: 10 Kugeln = 1 cm; X-Achse: 1 Generation = 1 cm)
2. Vergleichen Sie die im Spiel erhaltenen Kurven mit dem Kurvenverlauf in natürlichen Räuber-Beute-Systemen (s. Luchs-Hase, S. 37, Milbenarten, S. 38, Aufgabe 3).

Literatur für weitere Simulationsspiele zum Räuber-Beute-Verhältnis:
G. Trommer: Wachstum von ,,Beute- und Räuberpopulationen". Lit. [21] 1/76.
Dersl.: Balance zwischen Fischern und Fischen. Lit. [21] 1/78.
Dylla/Ruben/Schaefer: Darstellung des biologischen Gleichgewichtes zwischen Räuber und Beute durch einen einfachen Modellversuch. Lit. [12] H 7.

Versuch 6 Nachweis des CO_2/O_2-Austausches zwischen Wasserpest und Posthornschnecke

Material

8 frische Sprosse der Wasserpest (Elodea), etwa 10 cm lang, 12 Posthornschnecken (beide Lebewesen kann man zu jeder Jahreszeit in Aquarienhandlungen bekommen)[1], 16 Reagenzgläser (30 × 200 mm) mit Gummistopfen, Reagenzglasgestelle oder Stative zum Einstellen oder Befestigen der Reagenzgläser, Büretten.

Reagenzien

Bromthymolblaulösung (S. 89), Reagenzien zum O_2-Nachweis (S. 103).

Durchführung

1. CO_2-Austausch

800 cm³ Wasser werden mit einigen Tropfen Indikatorlösung versetzt. Zu dieser nun blauen Indikatorlösung gibt man solange vorsichtig Kohlensäure oder leitet gasför-

---

[1] Die Posthornschnecke ist eine Lungenschnecke und begibt sich zum Atmen an die Wasseroberfläche. Sie hat aber zudem am Mantelrand einen kiemenartigen Hautlappen, mit dessen Hilfe sie Sauerstoff aus dem Wasser aufnehmen kann. In tiefen Gewässern steigen daher Posthornschnecken nicht mehr zum Luftholen an die Oberfläche.

miges CO_2 hindurch, bis sie blaugrün geworden ist (s. CO_2-Nachweis, S. 102). Verwendet man dest. Wasser, so sollte man es mit Luft schütteln, damit es mit O_2 angereichert wird. Nun füllt man 8 Reagenzgläser mit der blaugrünen Indikatorlösung. Die Gläser werden, wie in der Abb. 93.1. gezeigt, beschickt.

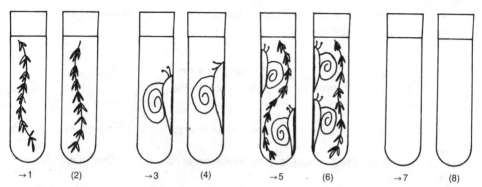

→1   (2)   →3   (4)   →5 - (6)   →7   (8)

Abb. 93.1. Anordnung zum Wasserpest-Posthornschnecken-Experiment

Die Gläser →1, →3, →5, →7 werden 48 Stunden an ein Fenster gestellt (kein direktes Sonnenlicht!) oder einer künstlichen Lichtquelle ausgesetzt. In der gleichen Zeit werden die Gläser (2), (4), (6), (8) bei vollkommener Dunkelheit aufbewahrt.

Aufgaben

1. Erklären Sie den Farbumschlag des Indikators in den einzelnen Gläsern. Bringen Sie das Ergebnis in jeweils einem Satz zum Ausdruck.
2. Stellen Sie eine Tabelle auf, in der Sie Gläser mit jeweils gleichem Indikatorfarbton in einer Spalte zusammenfassen. Tragen Sie nun die zum jeweiligen Farbton gehörenden Lebewesen ein. Werten Sie die Tabelle aus. Gibt es einen charakteristischen Farbton für Autotrophe und Heterotrophe?
3. Wie ist der Indikatorfarbton in Glas 5 von der Besetzung des Glases mit Lebewesen abhängig?

2. Sauerstoffaustausch

Für den Sauerstoffaustausch verwendet man abgestandenes Leitungswasser. Eine Glaswanne mit 2 l Wasser läßt man etwa 2 Stunden offen an der Luft stehen. Nun füllt man 8 Reagenzgläser mit dem abgestandenen Wasser auf. Die Gläser werden, wie in Abb. 92.1 gezeigt, beschickt und mit Gummistopfen luftblasenfrei verschlossen. (Es darf kein Indikator zugesetzt werden.)
Nun werden sie dem Licht bzw. der Dunkelheit ausgesetzt. Nach einigen Stunden Belichtung bestimmt man den Sauerstoffgehalt (s. O_2-Nachweis, S. 102). Die Sauerstoffbestimmung ist direkt in den Gläsern auszuführen, nachdem man vorher die Lebewesen aus den Gläsern entfernt hat.

Aufgaben

1. Tragen Sie die Sauerstoffkonzentrationen, die Sie durch Titration in den verschiedenen Gläsern erhalten haben, in eine Tabelle ein. Vergleichen Sie die Konzentrationen untereinander und mit den beiden Blindproben. Erklären Sie die Unterschiede.
2. Fassen Sie nun die Ergebnisse beider Versuche in einer Tabelle zusammen, die folgende Spalten enthält:

Glas Nr.	Änderung der CO_2-Konzentration	Änderung der O_2-Konzentration	Erklärung

Stellen Sie den Gasaustausch zwischen Pflanze und Tier in Glas 5 als Kreisprozeß dar.
3. Warum dürfen die Pflanzensprosse keine abgestorbenen Blättchen haben?

Versuch 7   Nachweis der Destruententätigkeit im Boden

Material

2 Glasröhren 25 cm lang, 3 cm Durchmesser, humushaltiger Boden, 4 durchbohrte Gummistopfen mit Glasröhren, Gummischlauch, Handgummigebläse, Reagenzgläser, Watte, Bürette

Reagenzien

Glucose, Phenolphthaleinlösung, 0,1 M NaOH

Durchführung

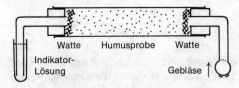

Abb. 94.1. Versuchsanordnung

Von den beiden Glasröhren wird eine mit reinem Humus, die andere mit einer Humus-Glucose-Mischung (ca. 3% Glucose) locker gefüllt. Beide Röhren verschließt man mit durchbohrten Gummistopfen mit Glasrohreinsatz. Um das Volumen der bodenhaltigen Glasröhren von der Luft abzuschließen, verbindet man die Glasröhrchen in den Gummistopfen mit einem Gummischlauch. Die präparierten Röhren werden bei Zimmertemperatur oder im Brutschrank bei 30 °C aufbewahrt.

Nach 24 Stunden löst man den Gummischlauch und verbindet das freie Glasröhrenende mit einem Handgebläse. Den Gummischlauch selbst taucht man in ein Reagenzglas, das 10 cm³ Wasser, 1 Tropfen 0,1 M NaOH und 2 Tropfen Phenolphthalein enthält. Nun drückt man vorsichtig das von den Destruenten gebildete CO_2 in das Reagenzglas, bis der Indikator farblos wird. Nun gibt man erneut 1 Tropfen 0,1 M NaOH zu und leitet CO_2 hinzu, bis der Indikator farblos wird. Dieser Vorgang wird solange wiederholt, bis sich der Indikator nicht mehr entfärbt, d. h. kein CO_2 mehr vorhanden ist.

Fragen und Aufgaben

1. Messen Sie die CO_2-Produktion in den beiden Glasröhren über mehrere Tage.
2. Wie reagiert das CO_2 mit der NaOH? Formulieren Sie die Reaktionsgleichung. Stellen Sie mit Hilfe einer Bürette fest, wieviel Tropfen in 1 cm³ 0,1 M NaOH enthalten sind. Aus der Reaktionsgleichung ergibt sich, daß 1 cm³ 0,1 M NaOH 2,2 mg CO_2 neutralisieren kann. Berechnen Sie mit diesen Angaben die CO_2-Abgabe der untersuchten Bodenproben.
3. Welcher Fehler wird durch das Gebläse in das Experiment hineingetragen? Wie könnte er beseitigt werden?

Versuch 8   Sukzession im Heuaufguß

Material

400-cm³-Bechergläser, Pipetten, Objektträger, Deckgläser, Mikroskop, Heu

Durchführung

In einem Becherglas wird ein Büschel Heu aufgekocht. (Im Sud entwickeln sich nach einigen Tagen dichte Kulturen von Aufgußbakterien z. B. Bacillus subtilis, die später den heterotrophen Organismen im Aufguß als Nahrung dienen.)
Der Sud wird auf mehrere Bechergläser verteilt und mit Seewasser, das einen natürlichen Bestand an Phyto- und Zooplanktern enthält, beimpft. Steht kein Seewasser zur Verfügung, so kann man auch mit Aquarienwasser beimpfen. Die Bechergläser werden an ein Fenster gestellt. Nach einigen Tagen wird zum ersten Mal mikroskopiert.

Aufgaben

Entnehmen Sie mit Hilfe einer Pipette mehrmals wöchentlich einige Tropfen Flüssigkeit. Stellen Sie durch Mikroskopieren fest, welche Organismen zur jeweiligen Zeit am häufigsten im Aufguß vorkommen. Legen Sie eine Tabelle an. (Bestimmung der Organismen mit Hilfe von Lit. [40] S. 104.)

Versuch 9 — Zur Dichteanomalie des Wassers

Material

Becherglas (1 l, hohe Form), Eiswürfel, 3 Thermometer, Stative

Durchführung

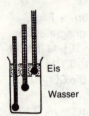

Das Becherglas wird zu ¾ mit kaltem Wasser und zu ¼ mit Eis gefüllt. Mit Hilfe der Thermometer wird die Wassertemperatur an der Oberfläche, in der Mitte und am Grunde des Becherglases gemessen.

Abb. 96.1.

Aufgaben

1. Notieren Sie die Wassertemperaturen zu Versuchsbeginn.
2. Verfolgen Sie die Temperaturentwicklung im Becherglas in den verschiedenen Wassertiefen. Wie ist die Temperaturschichtung zu erklären?

Versuch 10 — Zur Wärmeleitfähigkeit des Wassers

Material

Reagenzglas, Eiswürfel, Aluminiumfolie, Bunsenbrenner

Durchführung

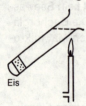

Ein Eiswürfel wird mit einer Aluminiumfolie umwickelt, in ein Reagenzglas gebracht und mit Wasser überschichtet. Das Wasser wird an seiner Oberfläche zum Sieden erhitzt.

Abb. 96.2.

Aufgabe

Verfolgen und erklären Sie den Versuchsablauf.

Versuch 11 Simulation der Sommerstagnation in einem See

Material

Aquarium oder pneumatische Wanne (50×20×30 cm), Gebläse (z. B. Haarfön), Kunststofftüte, Thermometer, Kaliumpermanganat

Durchführung

Das Aquarium wird zu ²/₃ mit kaltem Leitungswasser gefüllt. Die Wasseroberfläche bedeckt man mit einer Plastikfolie, die man sich aus einer Einkaufstüte zurecht schneidet. Das obere Drittel des Aquariums wird nun mit Wasser von ca. 40 °C aufgefüllt. Die Folie soll verhindern, daß sich das kalte und das warme Wasser zu sehr durchmischen. Nach dem Einfüllen des heißen Wassers entfernt man vorsichtig die Plastikfolie. Nun wartet man, bis sich die Wasserkörper etwas beruhigt haben. In der Zwischenzeit montiert man mit Hilfe eines Statives das Gebläse so über der Wasseroberfläche, daß der „Wind" im flachen Winkel über das Wasser hinwegstreicht. Nun gibt man einen halben Teelöffel Kaliumpermanganat in das Wasser und schaltet dann das Gebläse ein.

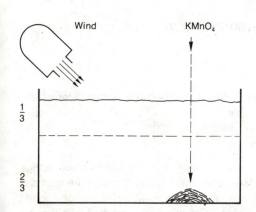

Abb. 97.1.

Versuch 12 Simulation der Vollzirkulation in einem See

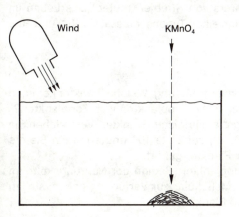

Material

Aquarium mit pneumatischer Wanne (50×20×30 cm), Gebläse, Thermometer, Kaliumpermanganat

Durchführung

Das Aquarium wird mit kaltem Leitungswasser aufgefüllt. Mit Hilfe des Thermometers zeigt man, daß der gesamte Wasserkörper die gleiche Tem-

Abb. 97.2.

peratur hat (Homothermie). Nun muß man warten, bis der Wasserkörper zur Ruhe gekommen ist. Die weitere Versuchsdurchführung erfolgt wie bei der Sommerstagnation.

Aufgaben

1. Erklären und vergleichen Sie den Versuchsablauf in den beiden Aquarien. Überlegen Sie, welche Wasserschichten und Wasserströmungen im Modellversuch und in der Natur miteinander übereinstimmen.
2. Vergleichen Sie den $KMnO_4$-Transport in den beiden Aquarien mit dem Stofftransport im See.

Versuch 13.1   Planktonuntersuchungen

Material

Planktonnetz (für Phyto- und Zooplankton), Plastikflaschen mit Schraubverschluß, Mikroskop, Pipetten, Objektträger, Deckgläser

Durchführung

Mit Hilfe eines Planktonnetzes entnimmt man einem See im Uferbereich einige Planktonproben und füllt sie in eine Plastikflasche. Nach Möglichkeit sollte man das Plankton im Verlaufe der nächsten Stunden untersuchen. Mit Hilfe einer Pipette bringt man einen Tropfen der Probe auf einen Objektträger und bedeckt ihn mit einem Deckglas. Die mikroskopische Untersuchung beginnt man stets mit der Lupenvergrößerung, um sich einen Überblick über das Präparat zu verschaffen. Später werden einzelne Plankter bei stärkerer Vergrößerung betrachtet. Ihre „Bestimmung" kann z. B. mit Hilfe des Kosmos-Naturführers von Streble/Krauter „Das Leben im Wassertropfen" [40] erfolgen. Dort findet man einen Typenschlüssel (S. 104) und eine Anleitung zum Planktonfischen (S. 12).

Aufgaben

1. Betrachten Sie das Präparat mit der Lupenvergrößerung. Welche Plankter kommen am häufigsten vor? Wie unterscheidet sich das Phytoplankton vom Zooplankton?
2. Zeichnen Sie bei stärkerer Vergrößerung die häufigsten Plankter. Vergleichen Sie Ihre Skizze mit dem Typenschlüssel [Lit. 40] auf Seite 104 und ermitteln Sie die Planktongruppe, zu der Ihr gezeichneter Plankter gehört.
3. Achten Sie auf den Mageninhalt der Zooplankter (Beginn der Nahrungskette im Ökosystem See). Falls Sie ein geeichtes Meßokular zur Verfügung haben, stellen Sie Größenverhältnisse der beobachteten Plankter fest.

Versuch 13.2 Bestimmung der Wassergüte mit Hilfe von Planktonproben

Will man aus den in einer Planktonprobe vorkommenden Lebewesen auf die Wassergüte schließen, so muß man die Häufigkeit der Plankter (Deckglas 24 × 24 mm) feststellen.
Beim Phytoplankton gelten als vereinzelt 10 Individuen, als häufig 10–100 Individuen und als massenhaft mehr als 100 Individuen einer Art; beim Zooplankton entsprechen 1–3 Individuen, 4–10 Individuen und mehr als 10 Individuen den Häufigkeitsstufen.
Mit Hilfe von Saprobientafeln, s. S. 118 kann man dann die Wassergüte ermitteln.
(Es soll noch besonders darauf verwiesen werden, daß man mit schulischen Mitteln nur eine recht grobe Wassergütebestimmung erreichen kann. Eine zuverlässige, rechtsverbindliche Ermittlung der Wassergüte erfordert eine große limnologische Erfahrung und ist nur vom Fachmann auszuführen.)

Versuch 14 Bestimmung der Gesamtkeimzahl mit Hilfe von Eintauchtestern

Membranfilter mit Nährboden
Testergefäß
Zugabe von 1,8 cm³ Wasserprobe
Zugabe von 18 cm³ Aqua dest. steril
Wasserprobe schütteln
30 sec Testereinsatz eintauchen
Testereinsatz herausziehen
Wasserprobe ausgießen
Wassertester 24h bei +35 °C bebrüten

Material

Eintauchtester[1]) (sie enthalten einen steril verpackten Membranfilter mit unterlegtem Nährboden) Nr. MT 00 00025, Glaskolben, Pipetten 2 cm³ und 10 cm³, steriles Aqua dest.

Durchführung

Zunächst werden die Pipetten mit Aluminiumfolie umwickelt und gemeinsam mit dem Glaskolben im Brutschrank bei 180 °C 2–3 Stunden sterilisiert. Ferner wird ein Rundkolben mit Aqua dest. 30 Minuten im Wasserbad zum Sieden erhitzt und mit einer Aluminiumfolie verschlossen.
Die Wasserprobe wird mit dem sterilen Glaskolben entnommen. Mit Hilfe der sterilen Pipette werden 1,8 cm³ Probewasser entnommen, in das Testergefäß übertragen und mit sterilem Aqua dest. bis zur Eichmarke aufgefüllt. Damit beträgt die Verdünnung der Wasserprobe 1 : 10. (Durch Wiederholung dieses Vorganges mit weiteren Testergefäßen kann man noch höhere Verdünnungen der Wasserprobe erhalten.)
In die Testergefäße mit den verdünnten Wasserproben steckt man nun für 30 sec die Tester. Danach werden sie herausgezogen, die Wasserproben weggeschüttet und die Tester wieder in die Gefäße zurückgebracht. Diese werden nun 24 Stunden bei 35 °C bebrütet.

[1]) Bezugsquelle: s. S. 114.

Jedes in der Wasserprobe vorhandene Bakterium wächst während der Bebrütungszeit zu einer sichtbaren Kolonie heran. Da der Tester gerade 1 cm³ Wasser aufnimmt, erhält man durch Auszählen der Kolonien die Zahl der Keime pro cm³.

Aufgabe

Bestimmen Sie mit Hilfe des Eintauchtesters Nr. MC 00 00025 die Zahl der coliformen Keime in einer Wasserprobe.
(Bebrütung 18–24 Stunden bei 42 °C.)
Zur Gruppe der coliformen Bakterien gehört das Darmbakterium Escherichia coli und einige verwandte Formen. Sein Vorkommen im Wasser wäre ein Hinweis auf fäkale Verunreinigungen. Im Trinkwasser dürfen keine coliformen Keime vorhanden sein. Coliforme Bakterien bilden auf der Oberfläche des Filters blaugefärbte, blaugrüngefärbte oder grüngefärbte Kolonien. Nur Kolonien, die diese Farbtöne zeigen, dürfen ausgezählt werden.

Versuch 15   Mineralisation einer Planktonprobe

Material

Planktonnetz, Plastikflaschen mit Schraubverschluß, Geräte und Chemikalien zum Sauerstoffnachweis (S. 103) und zum Phosphatnachweis (S. 106)

Durchführung

Einem See werden mit Hilfe einer Plastikflasche 1–2 l Wasser entnommen. Mit einem Planktonnetz wird die Planktonkonzentration des Seewassers stark angereichert. Nun bestimmt man möglichst bald die Sauerstoffkonzentration und die Phosphatkonzentration der Wasserprobe. Die luftdicht verschlossene Plastikflasche wird dunkel gestellt und die Sauerstoff- und Phosphatbestimmung im Verlaufe der nächsten Tage wiederholt. (S. 103 u. S. 106)

Aufgaben

1. Notieren Sie die Konzentrationswerte des Sauerstoffs und des Phosphors und stelle Sie die Meßwerte graphisch dar. Achten Sie auf die Geruchsänderung in der Wasserprobe.
2. Welche biologischen Vorgänge liegen den Konzentrationsänderungen und der Geruchsänderung zu grunde?

Versuch 16 Nachweis der Faulgasbildung

Material

Schliffkolben (500 cm³), Einsatzrohr mit Gummischlauchableitung, Trichter mit Hahn, Becherglas, Stativ

Durchführung

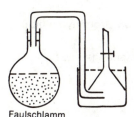

Faulschlamm   Abb. 101.1.

Aus der Verlandungszone eines Sees oder aus einem Hochmoortümpel bringt man etwas Faulschlamm in einen Glaskolben. Mit Hilfe der nebenstehenden Apparatur wird der sich langsam entwickelnde Gasstrom aufgefangen und auf seine Brennbarkeit geprüft (Vorsicht!).

Aufgaben

1. Prüfen Sie neben der Brennbarkeit auch den Geruch des Gases. Durch welchen biologischen Vorgang entsteht das Faulgas?
2. Zur genaueren Untersuchung kann man den Gasstrom mit Hilfe von Gaswaschflaschen durch Kalkwasser ($Ca(OH)_2$) und Silbernitratlösung ($AgNO_3$) hindurchleiten. Welche Gase können damit erkannt werden? Formulieren Sie die Nachweisreaktionen.

Versuch 17 Beobachtung von Schlammröhrenwürmern (Tubifex)

Material

2 Glasgefäße, feinkörniger Aquariensand, Schlammröhrenwürmer aus der Tierhandlung

Durchführung

Der Sand wird etwa 3 cm hoch auf die beiden Glasgefäße verteilt und mit Wasser überschichtet. Nun läßt man die Gläser kurze Zeit stehen und setzt die Tiere ein. Sollen die Gläser mehrere Tage beobachtet werden, so muß man besonders während der Nacht stets frisches Wasser zulaufen lassen.

Aufgaben

Beobachten Sie das Verhalten der Tiere. Leiten Sie in ein Glas vorsichtig einige Sauerstoffblasen ein und vergleichen Sie das Verhalten der Tiere in den beiden Gläsern.

Nachweismethoden für anorganische Stoffe des Wassers

1. Nachweis der CO_2-Konzentration des Wassers mit Hilfe von Bromthymolblau

Das Kohlendioxid bildet im Wasser folgende Gleichgewichtsreaktionen aus:

$$CO_2 + H_2O \rightleftharpoons H_2CO_3 \qquad\qquad H_2CO_3 \rightleftharpoons H^+ + HCO_3^-$$

$$\frac{[H_2CO_3]}{[H_2O][CO_2]} = K \qquad\qquad \frac{[H^+][HCO_3^-]}{[H_2CO_3]} = K$$

Jede Änderung der CO_2-Konzentration führt zu einer Verschebung der Gleichgewichtslage dieser Reaktionen. Da im Gleichgewicht der 2. Reaktion H^+-Ionen auftreten, die für den pH-Wert der Lösung verantwortlich sind, kann man durch Messung der Wasserstoffionenkonzentration die Lage des Gleichgewichts verfolgen. Dies geschieht mit Hilfe des Indikators Bromthymolblau, dessen Umschlagsgebiet gerade in jenem Bereich der pH-Skala liegt (6,0–7,6), in dem bei diesem Versuch Änderungen der H^+-Konzentration und damit des pH-Wertes zu erwarten sind. Das Bromthymolblau zeigt pH-Wertänderungen durch folgende Farben an:

pH-Wert	Farbe des Indikators	CO_2-Konzentration	
6,0	gelb		
6,5	gelb-grün		
7,0	grün	nimmt	nimmt
7,2	blau-grün	ab	zu
7,5	blau		

Durchführung

Herstellen der Indikatorlösung: 1 Spatelspitze Bromthymolblau in 1 cm³ Ethanol lösen.
Demonstration der Indikatorfarben: Ein Becherglas wird mit dest. Wasser gefüllt und mit einigen Tropfen Indikatorlösung versetzt. Nun leitet man einige CO_2-Blasen durch das Wasser, bis der Indikator von blaugrün nach gelb umschlägt.
(Der Versuch kann auch mit einem CO_2-haltigen Mineralwasser ausgeführt werden.)

Aufgaben

Erwärmen Sie einige cm³ der Indikatorlösung in einem Reagenzglas. Welche Indikatorfarben treten auf? Erklären Sie den Indikatorumschlag.

2. Bestimmung der Sauerstoffkonzentration des Wassers (nach Winkler)

Material

Glasstopfenflasche mit genau bekanntem Volumen, Trichter, Kolbenpipette 10 cm³, Bürette mit Stativ, Bechergläser 500 cm³ und 100 cm³
Chemikalien in folgenden Konzentrationen:
$MnCl_2$-Lösung: 800 g $MnCl_2 \cdot 4\ H_2O$ in 1 l Wasser lösen
Fällungsreagenz: 360 g NaOH, 200 g KI in 1 l Wasser lösen
HCl konzentriert
Na-thiosulfat 0,1 N auf 0,01 N (=0,005 M) verdünnen
Stärkelösung: 4 g Stärke in 100 cm³ heißes Wasser einrühren

Durchführung

Die Glasstopfenflasche wird luftblasenfrei mit dem Probewasser gefüllt. Nun gibt man 0,5 cm³ $MnCl_2$ und 0,5 cm³ Fällungsreagenz hinzu und verschließt die Flasche wieder. Dabei wird 1 cm³ Wasser verdrängt, das später bei der Berechnung des O_2-Gehaltes der Wasserprobe vom Volumen abgezogen wird. Nach Zugabe der Reagenzien wird die Flasche mehrmals geschüttelt, dann läßt man das $Mn(OH)_3$ etwa 10 Minuten absitzen. Durch Zugabe von 1–2 cm³ konzentrierter HCl wird der Niederschlag in Lösung gebracht und die entstandene Lösung, die durch Iod gelb gefärbt ist, quantitativ in ein Becherglas überführt. Nun titriert man, bis die Iodfarbe fast verschwunden ist, und gibt dann etwas Stärkelösung zu. Die nun blaue Lösung wird bis zum Verschwinden der blauen Farbe austitriert.

Theorie

Der im Wasser physikalisch gelöste Sauerstoff oxidiert Mn^{2+}-Ionen zu Mn^{3+}-Ionen. Diese werden mit Natronlauge als Mangan(III)-hydroxid ($Mn(OH)_3$) ausgefällt. Das gebildete Mn(III)-hydroxid entspricht mengenmäßig der Sauerstoffkonzentration des Wassers.
Mit Hilfe von Salzsäure bringt man das $Mn(OH)_3$ in Lösung. Die dabei freiwerdenden Mn^{3+}-Ionen oxidieren Iodionen (I^-) (aus dem Fällungsreagenz) zu Iodmolekülen (I_2). Dabei werden die Mn^{3+}-Ionen selbst zu Mn^{2+}-Ionen reduziert. Die entstandene I_2-Menge entspricht der ursprünglich in der Wasserprobe vorhandenen Sauerstoffkonzentration.
Das gebildete Iod wird mit Natriumthiosulfat titriert. Dabei dient Stärke als Indikator für den Endpunkt der Titration. Die verbrauchte Menge n 0,01 N Thiosulfatlösung (cm³) ist ein indirektes Maß für die ursprünglich im Wasser vorhanden gewesene Sauerstoffkonzentration.

1. Oxidation der Mn^{2+}- zu Mn^{3+}-Ionen durch den gelösten Sauerstoff; Ausfall von $Mn(OH)_3$

Mn^{2+} → $Mn^{3+} + e\ |\ \cdot 4$
$O_2 + 4\ e + 2\ H_2O$ → $2\ OH^- + 2\ OH^-$
───────────────────────────────────
$4\ Mn^{2+} + O_2 + 2\ H_2O$ → $4\ Mn^{3+} + 4\ OH^-$
$4\ Mn^{2+} + O_2 + 8\ OH^- + 2\ H_2O$ → $4\ Mn(OH)_3$

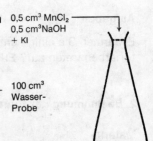

0,5 cm³ $MnCl_2$
0,5 cm³ NaOH
+ KI

100 cm³ Wasser-Probe

Umschütteln 10 Min. stehen lassen

2. Lösen des $Mn(OH)_3$ in Säure; Oxidation des Iodids zu Iod durch Mn^{3+}-Ionen

$Mn(OH)_3 + 3\ H^+$ → $Mn^{3+} + 3\ H_2O$
$2\ I^-$ → $I_2 + 2\ e$
$2\ Mn^{3+} + 2\ e$ → $2\ Mn^{2+}$
───────────────────────────────
$2\ I^- + 2\ Mn^{3+}$ → $I_2 + 2\ Mn^{2+}$

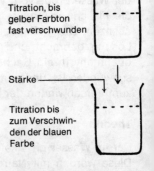

2 cm³ HCl konz.

$Mn(OH)_3$

0,01 N $S_2O_3^{2-}$

Titration, bis gelber Farbton fast verschwunden

3. Titration des Iods mit 0,01 N Natriumthiosulfatlösung

$2\ S_2O_3^{2-}$ → $S_4O_6^{2-} + 2\ e$
$I_2 + 2\ e$ → $2\ I^-$
──────────────────────────
$2\ S_2O_3^{2-} + I_2$ → $S_4O_6^{2-} + 2\ I^-$

Stärke

Titration bis zum Verschwinden der blauen Farbe

4. Quantitative Beziehungen

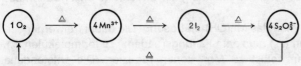

Abb. 104.1. Versuchsanordnung

1 cm³ 0,01 N $Na_2S_2O_3$-aq entspricht 0,08 mg O_2

Berechnung des Sauerstoffgehaltes der Wasserprobe

$$\frac{mg\ O_2}{1000\ cm^3\ H_2O} = \frac{cm^3\ \text{verbrauchte Thiosulfatlösung} \cdot 0{,}08 \cdot 1000}{\text{Volumen der Flasche in } cm^3 - 1\ cm^3}$$

Bestimmung des BSB$_5$-Wertes einer Wasserprobe

Eine wichtige Anwendung findet die Sauerstoffbestimmung bei der Ermittlung des Biologischen Sauerstoffbedarfs (BSB) von Abwasserproben. Der BSB-Wert gibt diejenige Sauerstoffmenge an, die Mikroorganismen zum Abbau der organischen Stoffe des Abwassers verbrauchen. Da der Abbau durchschnittlich 5 Tage erfordert, ermittelt man meistens den BSB$_5$-Wert einer Abwasserprobe.

Dabei wird eine 1-Liter-Flasche mit dem Probewasser gefüllt. Durch Einleiten von Sauerstoff (ca. 7 Min.) wird das Wasser auf etwa 35 mg/L O$_2$ angereichert. Nun teilt man die Wasserprobe auf zwei gleichgroße Gefäße auf und bestimmt in einem Gefäß den Sauerstoffgehalt sofort. Das andere Gefäß stellt man dunkel und ermittelt den O$_2$-Gehalt nach 5 Tagen. Die Differenz der beiden O$_2$-Bestimmungen entspricht dem BSB$_5$-Wert der Wasserprobe.

In der Bundesrepublik rechnet man täglich mit ca. 200 l Haushaltsabwasser pro Einwohner. Für den biologischen Abbau der in dieser Abwassermenge enthaltenen organischen Stoffe werden täglich 54 g Sauerstoff verbraucht. Auf Grund dieses BSB-Wertes kann man häusliche und gewerbliche Abwässer miteinander vergleichen. Man spricht dann vom Einwohnergleichwert (EGW) eines gewerblichen Abwassers.

Gewerbebetrieb	Produktion oder Verarbeitung von	EGW
Brauereien	1 hl Bier	20
Brennereien	1 t Maische	4 030
Molkereien	1000 l Milch	20–160
Wäschereien	1 t Wäsche	830
Schlachthöfe	1 Schwein	27

t °C	0,0°	0,5°	t °C	0,0°	0,5°
0°	14,16	13,97	16°	9,56	9,46
1°	13,77	13,59	17°	9,37	9,28
2°	13,40	13,22	18°	9,18	9,10
3°	13,05	12,87	19°	9,01	8,93
4°	12,70	12,54	20°	8,84	8,76
5°	12,37	12,22	21°	8,68	8,61
6°	12,06	11,91	22°	8,53	8,46
7°	11,76	11,61	23°	8,38	8,32
8°	11,47	11,33	24°	8,25	8,18
9°	11,19	11,06	25°	8,11	8,05
10°	10,92	10,80	26°	7,99	7,92
11°	10,67	10,55	27°	7,86	7,81
12°	10,43	10,31	28°	7,75	7,69
13°	10,20	10,09	29°	7,64	7,58
14°	9,98	9,87	30°	7,53	7,47
15°	9,76	9,66			

Tab. 105.1. Sauerstoffsättigungswerte (in mg/l) in Abhängigkeit von der Wassertemperatur

3. Bestimmung der Phosphatkonzentration im Wasser

Material

Becherglas (250 cm³), Kolbenpipette 5 cm³, Kolorimeter[1])
Reagenzien in folgenden Konzentrationen:
1. 10 g Ammoniummolybdat werden in 100 cm³ Wasser gelöst. Ein Teil dieser Lösung wird mit drei Teilen einer 50 vol.%igen Schwefelsäure gemischt.
2. Reduktionslösung: 0,125 g $SnCl_2 \cdot 2\ H_2O$ werden in 8 cm³ HCl (1.19) gelöst und mit Wasser auf 25 cm³ verdünnt. Diese Lösung muß stets frisch zubereitet werden.

Durchführung

1 cm³ der schwefelsauren Ammoniummolybdatlösung gibt man zu 100 cm³ Wasserprobe. In der stark sauren Ammoniummolybdatlösung liegt das Molybdän als Dodekamolybdänsäure vor. Diese reagiert mit der Phosphorsäure des Wassers zu Phosphormolybdänsäure. In dieser Verbindung besitzt das Molybdän die Oxidationszahl +6.

$$H_3PO_4 + H_8Mo_{12}O_{40} \rightarrow H_3[P(\overset{+6}{Mo}_{12}O_{40})] + 4\ H_2O$$

Nun gibt man im Abstand von 10 Minuten zweimal 0,15 cm³ Zinnchloridlösung hinzu. Dadurch entsteht durch eine Redoxreaktion Molybdänblau.

Schema: $\overset{6+}{Mo} + 2e^- \rightarrow \overset{4+}{Mo}$
$Sn^{2+} \rightarrow Sn^{4+} + 2e^-$

Molybdänblau: $MoO_2 \cdot 2\ MoO_3$

Die gebildete Molybdänblaulösung bringt man nun in eine Küvette und vergleicht ihre Farbintensität mit der Farbscheibe im Kolorimeter

Farbscheiben: 230 065 von 0,05 — 0,70 mg P_2O_5/l
  230 042 von 0,25 — 4,0 mg/l P_2O_5/l

1 mg P_2O_5/l = 1,338 mg Phosphat (PO_4^{3-})

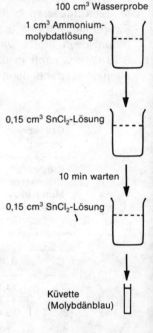

Abb. 106.1.

Phosphatbestimmung mit Hilfe von Vergleichslösungen

Steht kein Kolorimeter zur Verfügung, so kann man die Phosphatkonzentration mit Hilfe von Phosphatvergleichslösungen bestimmen. Zunächst wird folgende Stammlösung hergestellt:
0,377 g $Na_2HPO_4 \cdot 12\ H_2O$ (Dinatriumhydrogenphosphat) bringt man in einen 1-l-Meßkolben und füllt mit Aqua dest. bis zur Eichmarke auf. 1 cm³ dieser Stammlösung

---

[1]) Bezugsquelle: Hellige-Komparator. F. Hellige, Heinrich-von-Stephan-Str., 7800 Freiburg

enthält 100 mg Orthophosphat. Von dieser Stammlösung ausgehend kann man sich durch Verdünnung mit Aqua dest. folgende Phosphatkonzentrationen herstellen:

2 cm³ Stammlösung + 18 cm³ Aqua dest. = 10,0 mg PO_4^{3-}/l (Lösung A)

cm³ Lösung A + cm³ Aqua dest.	5	4	3	2	1
	5	6	7	8	9
mg PO_4^{3-}/l	5	4	3	2	1

Mit dem gleichen Verfahren lassen sich weitere Verdünnungsreihen herstellen. Nach Ausführung des Phosphatnachweises in den Vergleichslösungen und in der Wasserprobe ermittelt man den Phosphatgehalt durch Vergleich der Farbintensitäten.

Aufgabe: Bestimmung des Polyphosphatgehaltes im Wasser

Mit der bisher dargestellten Bestimmungsmethode kann man nur das gelöste anorganische Orthophosphat im Wasser erfassen. Die aus den Waschmitteln stammenden Polyphosphate können nicht nachgewiesen werden. Ihre Bestimmung ist erst nach vollständiger Hydrolyse möglich

$$Na_5P_3O_{10} + 2 H_2O \rightarrow 2 Na_2HPO_4 + NaH_2PO_4$$

Geben Sie zu 50 cm³ Wasserprobe 1 cm³ konzentrierte Salzsäure und kochen Sie die Probe 1 Stunde. Nach dem Abkühlen wird die Probe mit Natronlauge neutralisiert (Phenolphthalein als Indikator). Nun wird der Phosphatgehalt der Probe bestimmt. Hat man den Orthophosphatgehalt des Wassers vorher bestimmt, so ergibt sich der Polyphosphatgehalt aus der Differenz der beiden Analysenwerte.

4. Bestimmung anorganischer Stickstoffverbindungen im Wasser
(Ammonium NH_4^+, Nitrit NO_2^-, Nitrat NO_3^-)

4.1. Bestimmung des Ammoniumions

Ammoniumionen gelangen in das Wasser a) durch Zersetzung org. Stoffe (Proteine), b) durch Haushaltabwässer
Mikrobielle Umwandlung des Ammoniumions im Wasser:
Aerobe Nitrifikation:

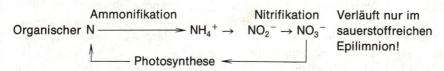

Organischer N —Ammonifikation→ NH_4^+ → —Nitrifikation→ NO_2^- → NO_3^- Verläuft nur im sauerstoffreichen Epilimnion!
↑——— Photosynthese ←———

Material

200-cm³-Becherglas, Pipette 5 cm³

Reagenzien

1. Neßlers-Reagenz handelsüblich
2. 100 g Seignettesalz in 200 cm^3 Wasser lösen und 10 cm^3 Neßler-Reagenz zugeben. Braune Flasche!

Durchführung

100 cm^3 Wasserprobe werden mit 2 cm^3 Seignettesalzlösung und 4 cm^3 Neßler-Reagenz versetzt. Nach 5 Minuten Reaktionszeit wird das Farbmaximum erreicht.

$$HgI_2 + 2\ KI \rightarrow 2\ K^+ + [HgI_4]^{2-}$$

$$2\ [HgI_4]^{2-} + 4\ OH^- + NH_4^+ \rightarrow OHg_2NH_2I + 3\ H_2O + I^-$$

Auswertung im Kolorimeter

Farbscheibe: 230 023 Küvetten 40 mm
Methode erfaßt 0,02–5 mg/l NH$_4^+$
Störungen: Probe innerhalb 3 Stunden verarbeiten. Der Nachweis ist hoch empfindlich. Ammoniakfreies Wasser verwenden. Ferner stören Sulfid und Schwefelwasserstoff.

Ammoniumvergleichslösung

2,966 g Ammoniumchlorid werden im Meßkolben mit Aqua dest. zu 1 Liter gelöst.

$$1\ cm^3 = 1\ mg\ NH_4^+\ (0{,}94\ mg\ NH_3)^*)$$

Im reinen Wasser liegt der NH$_3$-Wert unter 0,1 mg/l, in verunreinigten Gewässern sind Werte zwischen 0,1–10 mg/l möglich.

4.2. Bestimmung des Nitritions

Da das Nitrit zur Nitrifikationskette gehört, ist es nur in geringen Mengen im Wasser zu erwarten.

Reagenzien

1. 0,5 g Sulfanilsäure werden in 150 cm^3 10%iger Essigsäure gelöst.
2. 0,1 g Naphthylamin werden mit 20 cm^3 dest. Wasser gekocht. Filtrieren. Zum Filtrat gibt man 150 cm^3 10%ige Essigsäure. Beide Lösungen werden gemengt und ergeben das Nitritreagenz. Es wird in einer braunen Flasche aufbewahrt.

1 mg NO$_2^-$ entspricht 0,30 mg Stickstoff
Die Methode ist hoch empfindlich, schon bei 0,005 mg Nitrit entsteht eine merkbare Rotfärbung.

---

*) (Herstellung einer entsprechenden Verdünnungsreihe s. Phosphatbestimmung, S. 107.)

Durchführung

50 cm³ Wasserprobe werden mit 5 cm³ Nitritreagenz versetzt und geschüttelt. Nach einer Stunde ist das Farbmaximum erreicht und die Lösung kann kolorimetriert werden.
Farbscheibe: 230 026 Küvetten 13 mm
Nitritionen werden mit Sulfanilsäure und α-Naphthylamin bestimmt. Theorie:

$$\text{Naphthylamin} + HONO + H_2N-\text{C}_6H_4-SO_3H \xrightarrow{-2H_2O} \text{Azofarbstoff (rot)}$$

N=N—C₆H₄—SO₃H
Azofarbstoff (rot)

Nitritvergleichslösung

0,150 g Natriumnitrit werden in einem 100-cm³-Meßkolben bis zur Marke mit Aqua dest. aufgefüllt. 1 cm³ dieser Lösung enthält 1mg Nitrit. (Herstellung einer entsprechenden Verdünnungsreihe siehe Phosphatbestimmung, S. 107.)

4.3. Bestimmung des Nitrations

Die Nitrate gehören zu den wichtigsten Stickstofflieferanten der autotrophen Pflanzen. Bei starker Primärproduktion im Epilimnion können die Nitrate fast ganz aufgebraucht und damit zum Minimumfaktor werden. (Siehe Tab. 68.1)

Reagenzien

Zinkstaub, Natronlauge

Durchführung

50 cm³ Wasserprobe werden mit einigen Spatelspitzen Zinkstaub und etwas Natronlauge versetzt und geschüttelt. Nach 20 Minuten wird abfiltriert und mit dem Filtrat die Nitritbestimmung durchgeführt, da das Nitrat durch den Zinkstaub und die Natronlauge zu Nitrit reduziert wurde. Die Nitratkonzentration wird rechnerisch ermittelt, in dem man die schon vorher festgestellte Nitritkonzentration vom jetzigen Analysenwert subtrahiert.
Der Nitratgehalt des Trinkwassers liegt zwischen 5–50 mg pro Liter.

5. Bestimmung der Karbonathärte (KH)

Material

Bürette mit Stativ, Meßzylinder 100 cm^3, Erlenmeyerkolben 300 cm^3

Reagenzien

0,1 M Salzsäure, Methylorangelösung

Durchführung

Zu 100 cm^3 Wasserprobe gibt man einige Tropfen Indikator und titriert bis zum Farbumschlag.
1 cm^3 0,1 M HCl entspricht 2,8 mg CaO
1 cm^3 0,1 M HCl/100 cm^3 Wasser entsprechen 28 mg CaO/l = 2,8°dKH

6. Bestimmung der Gesamthärte (GH)

Material

Bürette mit Stativ, Becherglas 100 cm^3, Erlenmeyerkolben 300 cm^3, Meßzylinder 100 cm^3

Reagenzien

Titriplexlösung A (Merck 8419), Indikatorpuffertabletten (Merck 8430), Ammoniak 25%ig

Durchführung

In 100 cm^3 Wasserprobe wird eine Indikatorpuffertablette gelöst und dann 1 cm^3 Ammoniak zugegeben. Nun titriert man mit Titriplex A bis zum Farbumschlag von Rot nach Grün.
1 cm^3 Titriplex entspricht 5,6° d (Gesamthärte; 10 mg CaO/l oder 7,17 mg MgO/l = 1° d)

Nachweismethoden für organische Stoffe des Wassers

7. Bestimmung des Verschmutzungsgrades mit Kaliumpermanganat

Material

Bürette mit Stativ, Becherglas 100 cm^3, Erlenmeyerkolben 300 cm^3, 2 Kolbenpipetten 25 cm^3, 100 cm^3

Reagenzien

0,01 N (= 0,002 M) KMnO$_4$-Lösung, 0,01 N (= 0,005 M) Oxalsäurelösung, H$_2$SO$_4$ (25%ig)

Durchführung

Zu 100 cm^3 Wasserprobe gibt man mit Hilfe der Bürette genau 15 cm^3 0,01 N Kaliumpermanganatlösung und 5 cm^3 Schwefelsäure. Die Probe wird mit einem Urglas bedeckt und 10 Min. gekocht (Wasserverlust vermeiden!). Dabei werden die organischen Substanzen des Wassers durch das KMnO$_4$ oxidiert. (Verschwindet die violette Farbe während des Kochens, so muß die Probe halbiert und mit Aqua dest. auf 100 cm^3 aufgefüllt werden.)
Nach 10 Min. gibt man genau 15 cm^3, 0,01 N Oxalsäure zu und titriert die heiße Lösung mit 0,01 N KMnO$_4$-Lösung, bis ein bleibender (30 sec) rosa Farbton auftritt.
Die organischen Stoffe der Wasserprobe haben nur einen Teil des KMnO$_4$ verbraucht. Daher liegt in der Lösung ein Überschuß an Oxalsäure vor, der dem Gehalt des Wassers an organischen Schmutzstoffen entspricht.

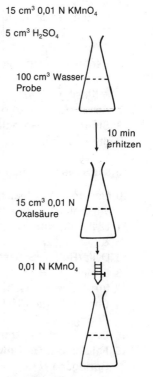

Abb. 111.1.

$$MnO_4^- + 8 H_3O^+ + 5 e \rightarrow Mn^{2+} + 12 H_2O /2$$
$$C_2O_4^{2-} \rightarrow 2 CO_2 + 2 e /5$$

$$2 MnO_4^- + 5 C_2O_4^{2-} + 16 H_3O^+ \rightarrow 10 CO_2 + 2 Mn^{2+} + 24 H_2O$$

1 cm^3 0,01 N KMnO$_4$-Lösung enthält 0,316 mg KMnO$_4$.
Bei Trinkwasser liegt der Permanganatverbrauch zwischen 3–8 mg/l.
Es werden jedoch nicht alle organischen Stoffe des Wassers oxidiert. Ferner stören z. B. Fe^{2+}, NO$_2^-$, H$_2$S.
Die ermittelten KMnO$_4$-Werte entsprechen dem chemischen Sauerstoffbedarf (CSB) des Wassers.
Die mit der KMnO$_4$-Methode ermittelten CBS-Werte liegen beim Haushaltsabwasser um ca. 25% zu niedrig.

Literaturhinweise

Zur Allgemeinen Ökologie

1 Altenkirch, W.: Ökologie, Studienbücher Biologie. Frankfurt: Diesterweg 1977.
2 Jacobs, J.: Ökologie. In: Czihak/Langer/Ziegler: Biologie. Ein Lehrbuch für Studenten der Biologie. Berlin: Springer Verlag 1976.
3 Knodel, H.: Ökologie und Umweltschutz. Stuttgart: J. B. Metzler 1974.
4 Odum, E. P.: Ökologie. München: BLV 1972.
5 Osche, G.: Ökologie, studio visuell. Freiburg: Herder 1973.
6 Reichelt, G.: Ökologie. CVK-Biologie-Kolleg. Bielefeld: Cornelsen-Velhagen & Klasing 1974.
7 Remmert, H.: Ökologie, Berlin: Springer 1978.
8 Stugren, B.: Grundlagen der allgemeinen Ökologie. Jena: G. Fischer 1974.
9 dtv-Atlas zur Biologie. Band 1 u. 2. München: Deutscher Taschenbuch Verlag.

Zu speziellen Themen

10 Bayerisches Staatsministerium für Landesentwicklung und Umweltfragen: Umweltpolitik in Bayern 1978.
11 Dylla, K., und Krätzner, G.: Das biologische Gleichgewicht. Heidelberg: Quelle & Meyer 1972.
12 Dylla/Ruben/Schaefer: Praxis der Naturwissenschaften. Köln: Aulis 1978, H. 7.
13 Ehrlich, P. R. u. A. H. Ehrlich: Bevölkerungswachstum und Umweltkrise. Frankfurt/Main: S. Fischer 1972.
14 Ehrlich/Ehrlich/Holdren: Humanökologie. Heidelberger Taschenbuch. Berlin: Springer 1975.
15 Engelhardt, W.: Umweltschutz. München: Bayerischer Schulbuch-Verlag ^{3}1977.
16 Fellenberg, G.: Umweltforschung. Heidelberger Taschenbuch Band 194. Berlin: Springer 1977.
17 Franke, W.: Nutzpflanzenkunde. Taschenbuch. Stuttgart: Thieme 1976.
18 Gruhl, H.: Ein Planet wird geplündert. Frankfurt/Main: S. Fischer 1975.
19 Grzimeks Tierleben: Unsere Welt als Lebensraum. Ökologie. München: Kindler 1973.
20 Heitefuß, R.: Pflanzenschutz. Taschenbuch. Stuttgart: Thieme 1975.
21 Leitthemen: 1/76 Wachsende Systeme; 1/77 Naturerscheinung Energie; 1/78 Leben in Ökosystemen. Braunschweig: Westermann.
22 MacArthur, R. H. u. J. H. Connel: Biologie der Populationen. München: BLV 1970.
23 Meadows, D.: Die Grenzen des Wachstums. Stuttgart: dva 1972.
24 Ohnesorge, B.: Tiere als Pflanzenschädlinge. Taschenbuch. Stuttgart: Thieme 1976.
25 Reichelt, G.: Ökologie exemplarisch: Der Bodensee. CVK-Biologie-Kolleg. Bielefeld: Cornelsen-Velhagen & Klasing 1974.
26 Schmidt, E.: Ökosystem See. Heidelberg: Quelle & Meyer 1974.
27 Strasburger, E.: Lehrbuch der Botanik. Mülheim/Ruhr: Piscator Verlag ^{30}1971.

28 Schwenke, W.: Zwischen Gift und Hunger. Berlin: Springer 1968.
29 Todt, D.: Funk-Kolleg Biologie. Systeme des Lebendigen. Band 1 und 2. Frankfurt: Fischer
30 Umwelt und Chemie von A–Z. Ein Wörterbuch. Freiburg: Herder 1975.
31 Wie funktioniert das? Die Umwelt des Menschen. Meyers Lexikon Verlag 1975. Mannheim: Bibliograph. Institut.
32 Wilson/Bossert: Einführung in die Populationsbiologie. Heidelberger Taschenbuch Band 133. Berlin: Springer 1973.
33 Ziswiler, V.: Bedrohte und ausgerottete Tiere. Berlin: Springer 1965.

Experimentalliteratur

34 Braun, M.: Chemie. Sekundarstufe II – Umweltschutz experimentell. München u. Düsseldorf: BLV u. Schwann 1974.
35 Ehlers, H.: Umweltgefährdung und Umweltschutz. Experimentelle Erarbeitung der Ökologie eines Gewässers. Hannover: Schroedel 1973.
36 Kiechle, H.: Analysenmethoden. Frankfurt/Main: Diesterweg Verlag 1976.
37 Klee, O.: Kleines Praktikum der Wasser- und Abwasser-Untersuchung. Kosmos Naturführer. Stuttgart: Franckh
38 Philipp, E.: Experimente zur Untersuchung der Umwelt. München: Bayerischer Schulbuch-Verlag 1977.
39 Steubing, L. und Ch. Kunze: Pflanzenökologische Experimente zur Umweltverschmutzung. Heidelberg: Quelle & Meyer 1972.
40 Streble, H. u. D. Krauter: Das Leben im Wassertropfen. Kosmos Naturführer. Stuttgart: Franckh 1973.
40a Seefried, H.: Modell-Versuch zum Räuber-Beute-Verhältnis. Akademie-Bericht Biologie in der Kollegstufe. Ökologie. Dillingen: Akademie für Lehrerfortbildung 1979.

Biologiebücher der Sekundarstufe I, die sich als Quellen für Referate eignen:

41 Bauer, E. W. (Hrsg.): Biologie 5/6 und Biologie 2 A CVK 1978.
42 Binder, H.: Einführung in die Biologie. Frankfurt: Diesterweg 1976.
43 bsv biologie 5/6 und bsv biologie 2 Bayerischer Schulbuch-Verlag München 1974 u. 1976.

Als Unterlagen für grafische Darstellungen dienten:

Bach, W.: Umschau 78, H. 4.
Engelhardt, W.: Umweltschutz. München: BSV ³1977.
Jacobs, J.: Ökologie. In: Czihak/Langer/Ziegler: Biologie. Berlin: Springer 1976.
Lieth, H.: Produktivitätsmuster der natürlichen Pflanzendecke der Erde. In: Umschau 74, H. 6.
Müller, G.: Naturwissenschaften 64, 427–431. Berlin: Springer 1977.
Zeitschrift für Naturforschung 32c, 913–919 und 920–925. Tübingen/Mainz: Verlag der Zeitschrift für Naturforschung 1977.
Odum, G.: Ökologie. München: BLV 1972.
Osche, G.: Ökologie. studio visuell. Freiburg: Herder 1973.
Saprobientafeln; nach Kowalsky in: Philipp, E.: Experimente zur Untersuchung der Umwelt. München: BSV ²1978.
Schaefer, G.: Kybernetik und Biologie. Stuttgart: Metzler 1972.
Umwelt 2000 (Kleine Senckenberg-Reihe Nr. 3).
Alle weiteren Abbildungen stammen vom Verfasser.

Bezugsquelle: Millipore GmbH, 6078 Neu Isenburg. Preis für eine Packung mit 25 Stück beträgt (1978) 156 DM. Die Tester bleiben bei sachgemäßer Lagerung (trocken und kühl) mindestens ein Jahr verwendungsfähig.

Film- und Bildmaterial

Institut für Film und Bild, Bavaria-Platz 3, 8022 Grünwald

R 102367 Schädlinge und Schädlingsvermehrung
R 102368 Problematik chemischer Bekämpfung
R 102369 Biologische Schädlingsbekämpfung
R 102370 Populationsdynamik von Schädlingen
R 102238 Das Hochmoor als Biotop und Biozoenose 1: Der Aufbau eines Hochmoores. Leit- und Charakterpflanzen
R 102239 Das Hochmoor als Biotop und Biozoenose 2: Leit- und Charakterpflanzen im Hochmoor
FT 320993 Entstehung eines Bodens, dargestellt am Beispiel eines Ackerpseudogley
8F 370130 Entstehung eines Bodens, dargestellt am Beispiel eines Ackerpseudogley
FT 322339 Abfall, Schattenseite des Überflusses
R 102244 Abfallbeseitigung
FT 322265 Das große Gleichgewicht 1: Das Beste aber ist das Wasser
FT 322266 Das große Gleichgewicht 2: Kein Leben ohne Luft
FT 321280 Stickstoffkreislauf
R 102050 Stickstoffkreislauf
R 102305 Leben in der Seeuferzone
8F 360833 Der See als Nahrungsraum für Vögel

V-Dia-Verlag Heidelberg, Postfach 10 59 86, 69 Heidelberg

Diareihen:

D 27001 Geschützte Pflanzen Teil 1
D 27002 Geschützte Pflanzen Teil 2
D 27003 Geschützte Tiere
D 27004 Umwelt an der Belastungsgrenze
D 27005 Der Wald im Landschaftshaushalt
D 27006 Moderne Agrarlandschaft
D 27007 Die Gewässer im Landschaftshaushalt
D 27008 Naturdenkmale, Naturschutzgebiete
D 27010 Abwasserreinigung
D 27011 Die manipulierte Pflanzendecke 1
Urlandschaft und natürliche Pflanzengesellschaften
D 27012 Die manipulierte Pflanzendecke 2
Wandlungen der Pflanzendecke in Folge der Nutzung
D 27013 Die manipulierte Pflanzendecke 3
Die Folgen der Eingriffe

Cornelsen-Velhagen & Klasing, Postfach 87 29, 48 Bielefeld 1

Diareihen:
15866   Diathek Ökologie
15017   Diathek Ökologie exemplarisch: Der Bodensee

Super-8 mm-Filme:
17290   Untersuchung eines Fließgewässers
17303   Biozönotisches Gleichgewicht
15220   Trinkwasserversorgung

Klett-Verlag, Rotebühlstr. 77, 7 Stuttgart

Super-8 mm-Filme:
99918   Der biologisch gesunde Fluß
99919   Der biologisch kranke Fluß

Institut für Weltkunde in Bildung und Forschung, Karl-Str. 29, 2 Hamburg 76

Lebensgemeinschaft im Garten: Wechselbeziehungen
   zwischen Nutz- und Schadinsekten
Nutzung ökologischer Nischen

G. Schuchardt, Postfach 443, 34 Göttingen

R 862   Gewässerschutz – Gewässerschmutz
R 870   Unsere Umwelt – ihre Gefährdung und ihr Schutz

Die Farbtonfilme (FT), Super-8 mm-Filme (8F) und Diareihen (R) können bei den Stadt- und Kreisbildstellen entliehen, bzw. beim Institut für Film und Bild gekauft werden.

Tafel I
Typische Leitorganismen
der Wassergüteklasse 1
(Oligosaprobe Zone)
Bei Mikroorganismen ist die
Vergrößerung angegeben.

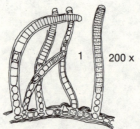

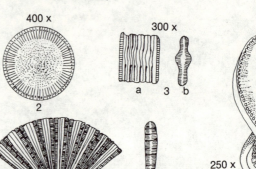

Blaualgen:
 1 Zweig-Blaualge
   (Haplosiphon fontinalis)

Kieselalgen:
 2 Scheibchen-Kieselalge
   (Cyclotella bodanica)
 3 Moor-Kieselalge
   (Tabellaria flocculosa,
   a Schalenaufsicht, b Gürtelansicht)
 4 Sektoren-Kieselalge
   (Meridion circulare,
   a Schalenaufsicht, b Gürtelansicht)
 5 Flügel-Kieselalge
   (Surirella spiralis)

Jochalgen:
 6 Längliche Sternalge
   (Euastrum oblongum)
 7 Gedrungene Sternalge
   (Micrasterias truncata)

Grünalgen:
 8 Gürtelkraushaaralge
   (Ulothrix zonata)
 9 Pinsel-Grünalge
   (Draparnaldia glomerata)

Rotalgen:
 10 Froschlaichalge
    (Batrachospermum monili-
    forme, a Habitus der Alge,
    b einzelner Wirtel)

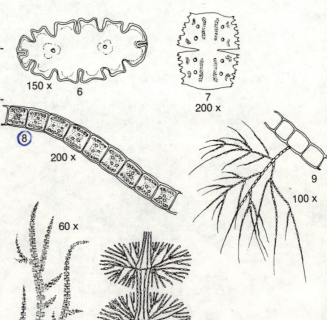

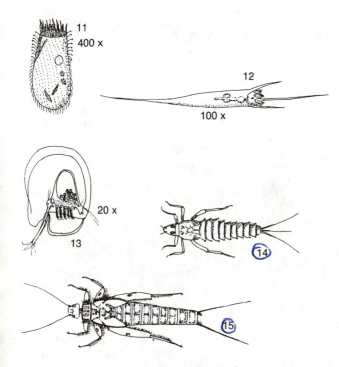

Wimpertiere:

11 Taumeltierchen
(Strombidinopsis gyrans)

Rädertiere:

12 Einhornrädertierchen
(Kellicottia longispina)

Blattfußkrebse:

13 Gallerthüllenwasserfloh
(Holopedium gibberum)

Insektenlarven:

14 Eintagsfliegenlarve
(Oligoneuria rhenana)
15 Steinfliegenlarve
(Perla bipunctata)

Tafel II
Typische Leitorganismen
der Wassergüteklasse 2
(β-mesosaprobe Zone)

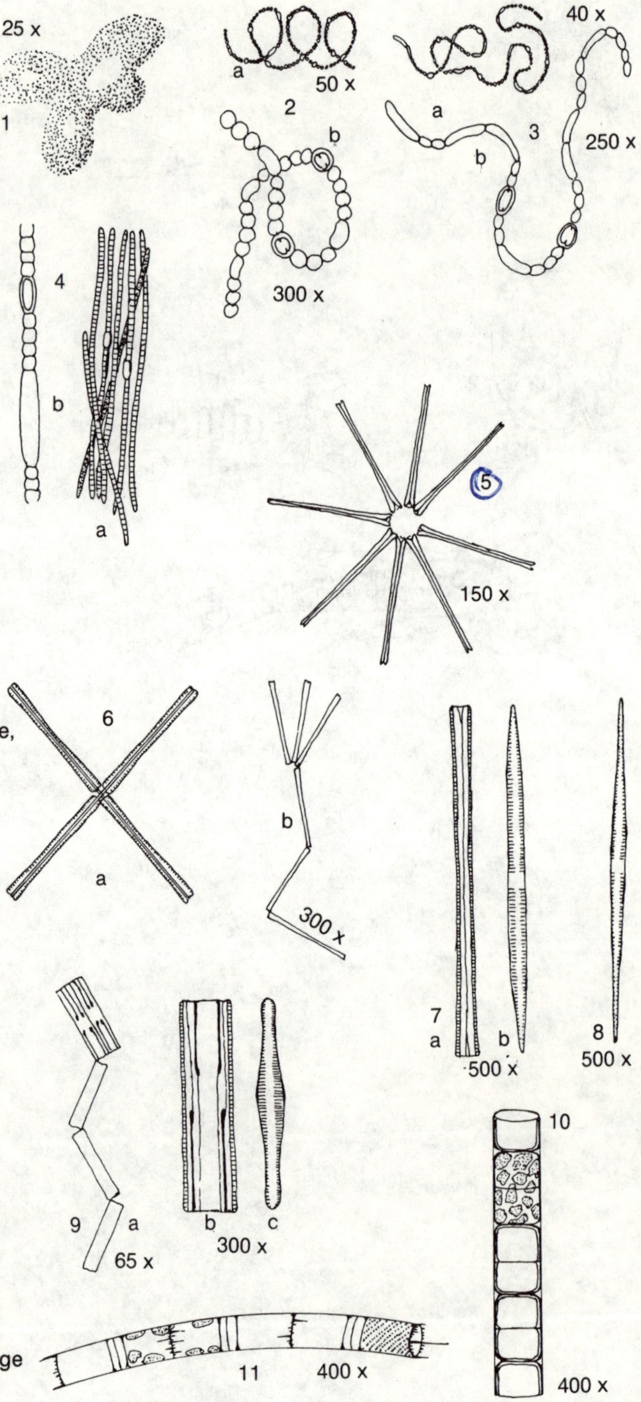

Blaualgen:
1 Netzblaualge
 (Microcystis flos aquae)
2 Schraubige Ringelalge
 (Anabaena spiroides,
 a typische Wuchsform,
 b Einzelfaden stärker
 vergrößert.)
3 Gewöhnliche Ringelalge
 (Anabaena flos-aquae,
 a typische Wuchsform,
 b Einzelfaden.)
4 Grüne Spanalge
 (Aphanizomenon flos-aquae,
 a typische lagerförmige
 Kolonie,
 b Einzelfaden.)

Kieselalgen:
5 Schwebesternchen
 (Asterionella formosa)
6 Gestreckte Zick-Zack-
 Kieselalge
 (Diatoma elongatum,
 a sternförmige Kolonie,
 b Einzelorganismus.)
7 Stab-Kieselalge
 (Synedra ulna, a Schalenaufsicht, b Gürtelansicht.)
8 Nadel-Kieselalge
 (Synedra acus)
9 Fenster-Kieselalge
 (Tabellaria fenestrata,
 a typische Kolonieformen,
 b Schalenaufsicht,
 c Gürtelansicht.)
10 Faden-Kieselalge
 (Melosira varians)
11 Gepunktete Faden-Kieselalge
 (Melosira granulata)

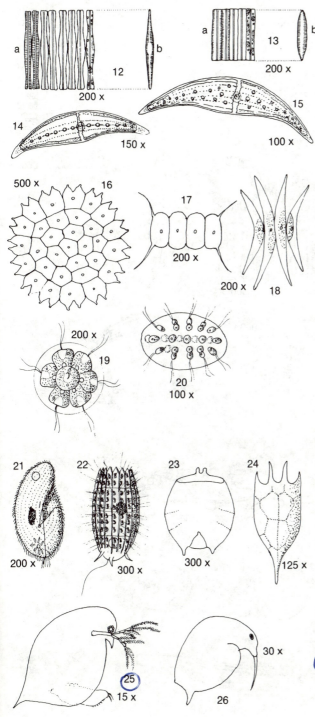

12 Kamm-Kieselalge
(Fragilaria crotonensis,
a bandförmige Kolonie
in Schalenaufsicht,
b Gürtelansicht.)
13 Bruchkieselalge
(Fragilaria capucina,
a bandförmige Kolonie
in Schalenaufsicht,
b Gürtelansicht.)

Jochalgen:
14 Mondsichel-Alge
(Closterium moniliferum)
15 Große Mondalge
(Closterium ehrenbergii)

Grünalgen:
16 Zackenrädchen
(Pediastrum boryanum)
17 Geschwänzte Gürtelalge
(Scenedesmus quadricauda)
18 Spitze-Gürtelalge
(Scenedesmus acuminatus)
19 Maulbeer-Grünalge
(Pandorina morum)
20 Geißelkugel Grünalge
(Eudorina elegans)

Wimpertiere:
21 Grünes Pantoffeltier
(Paramaecium brusaria)
22 Tonnentierchen
(Coleps hirtus)

Rädertiere:
23 Wappen-Rädertierchen
(Brachionus angularis)
24 Facetten-Rädertierchen
(Keratella cochlearis 24)

Blattfußkrebse:
25 Langdorn-Wasserfloh
(Daphnia longispina)
26 Weiher-Rüsselkrebs
(Bosmina longirostris)

Tafel III
Typische Leitorganismen
der Wassergüteklasse 3
(α-mesosaprobe Zone)

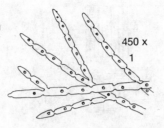

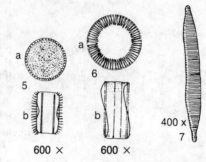

Pilze:
1 Echter Abwasserpilz
 (Leptomitus lacteus)

Blaualgen:
2 Schöne Schwingalge
 (Oscillatoria formosa)
3 Zarte Schwingalge
 (Oscillatoria tenuis)
4 Königs-Schwingalge
 (Oscillatoria princeps)

Kieselalgen:
5 Zackenscheiben-Kieselalge
 (Stephanodiscus hantzschii,
 a Schalenaufsicht,
 b Gürtelansicht.)
6 Scheibchen-Kieselalge
 (Cyclotella meneghiniana,
 a Schalenaufsicht,
 b Gürtelansicht.)
7 Farblose Kieselalge
 (Nitzschia palea)

Jochalgen:
8 Eiförmige Zieralge
 (Cosmarium botrytis)
9 Kleine Mondalge
 (Closterium leibleinii)
10 Säbelalge
 (Closterium acerosum)

Goldalgen:
11 Traubenbäumchen
 (Anthophysis vegetans)

Wimpertiere:
12 Heutierchen
 (Colpoda cucullus)
13 Lippenzähnchen
 (Chilodonella uncinata)
14 Riesensumpfwurm
 (Spirostomum ambiguum)
15 Schwanzfadentierchen
 (Uronema marinum)

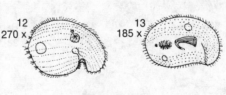

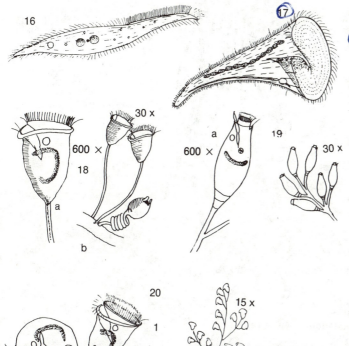

16 Zuckrüsseltierchen
   (Lionotus fasciola)
17 Blaues Trompetentierchen
   (Stentor coeruleus)
18 Maiglöckchen
   (Vorticella convallaria)
19 Schirmglockentierchen
   (Opercularia coarctata,
   a Einzeltier,
   b Kolonie.)
20 Glockenbäumchen
   (Carchesium polypinum,
   a Einzeltier,
   b Kolonie.)

Tafel IV
Typische Leitorganismen der Wassergüteklasse 4 (Polysaprobe Zone)

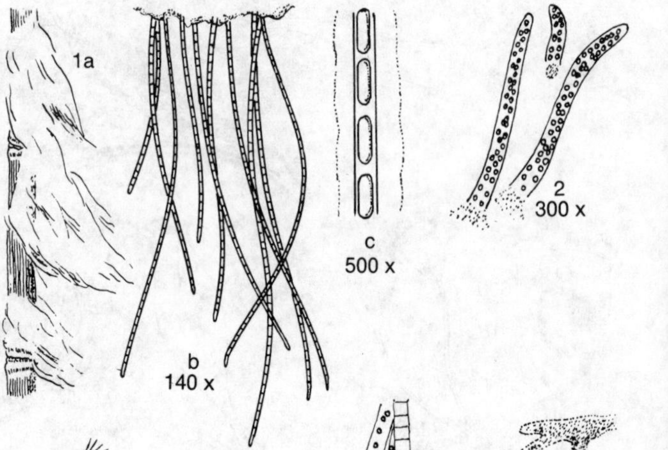

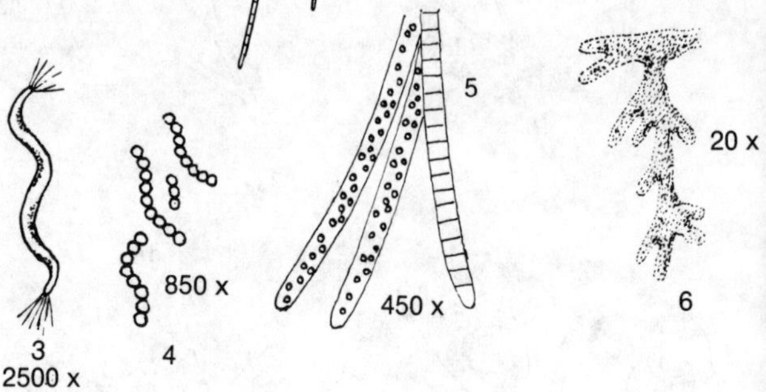

Bakterien:
1 Abwasserbakterium
   (1 Sphaerotilus natans,
   a Bewuchs an Schilfhalm,
   b Fadenbüschel des Bakteriums
   c von Gallerte eingehüllter
   Einzelfaden.)
2 Weißer Schwefelfaden
   (Thiothrix nivea)
3 Sumpfspirille
   (Spirillum undula)
4 Kettenbakterium
   (Streptococcus margaritaceus)
5 Weißes Schwefelbakterium
   (Beggiatoa alba)
6 Bäumchenbakterium
   (Zoogloea ramigera)

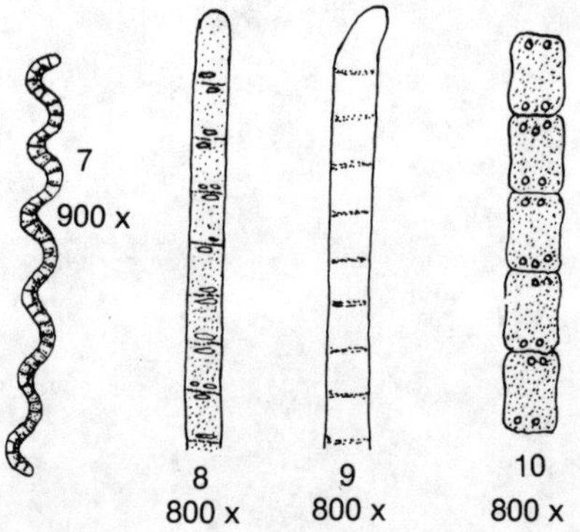

Blaualgen:
7 Blaugrüne Korkenzieher-Alge
   (Spirulina jenneri)
8 Eingeschnürte Ringelalge
   (Anabaena constricta)
9 Faulschlamm-Schwingalge
   (Oscillatoria putrida)
10 Bleiche Schwingalge
   (Oscillatoria chlorina)

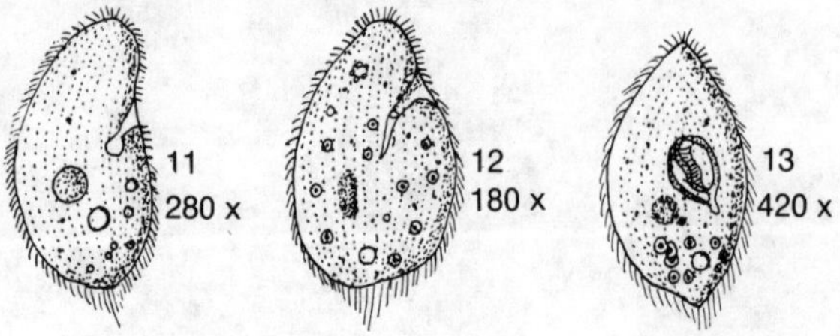

Wimpertiere:
11 Nierentierchen
   (Colpidium colpoda)
12 Schmutzpantoffeltierchen
   (Paramaecium putrinum)
13 Schiefmundtierchen
   (Glaucoma scintillans)

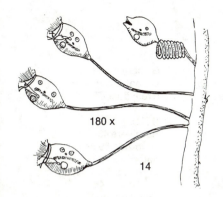

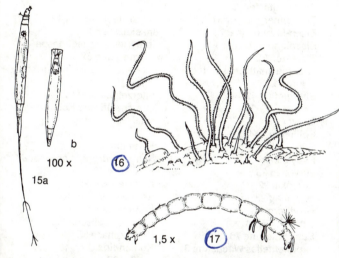

14 Kleinmäuliges Glockentier
   (Vorticella microstoma)

Rädertiere:

15 Teleskoprädertier
   (Rotaria neptunia,
   a Tier in voller Länge,
   b eingezogen.)

Gliederwürmer:

16 Schlammröhrenwurm
   (Tubifex tubifex)

Insektenlarven:

17 Zuckmückenlarve
   (Chironomus thummi)

Stichwortverzeichnis

Kursive Seitenzahlen beziehen sich auf den experimentellen Teil

Abiotische Umweltfaktoren 20, 41
Abwässer 63, 74
aerober Abbau 18
aktivierte Essigsäure 18
Aktivierungsenergie 14
alkoholische Gärung 19
Ammoniak 73, 76
anaerober Abbau 19
Artendichte 31
Atmung 13, 17
Atmungskette 18
ATP 15, 17 f.
Autökologie 7, 19 f.
autotroph 11

Bakterien 43, 69, 70
Benthal 67
Bevölkerungswachstum 55
biologisches Gleichgewicht 31, 38, 59
biologische Oxidation 13, 17 f.
biologischer Sauerstoffbedarf *105*
biologische Selbstreinigung 70
Biomasse 13, 26, 43, 45
Biosphäre 42, 49
biotische Umweltfaktoren 20
Biotop 7
Biozönose 7
Bitumen 84
Blei 81
Bohne 21, *88, 89*
Borkenkäfer 62
Bromthymolblau *89, 92*
Bruttoprimärproduktion 45

Centriol 10
Chlor-Fluor-Methane 49
Chloroplasten 10
Cholinesterase 59
Citronensäurecyclus 18
Coenzym 14
Corn-belt 56
Cytoplasma 10

DDT 28, 59, 60
DDT-Resistenz 60,
Demökologie 7,

Deckschicht 64, 68
Destruenten 11, 41, 43, 85
Dichteanomalie 63, *96*
dichteregulierende Umweltfaktoren 35
Dictyosom 10
Dunkelreaktion 15, 16 f.
Düngemittel 58, 85

E 605 59
Einnischung 29
Eintauchtester *99*
Einwohnergleichwert *105*
Eisen-III-phosphat 71
Eisenionen 71
Elefanten 32
endoplasmatisches Retuculum 11
Energiefluß 43, 49
Entropie 49
Enzym 14
Epilimnion 64
Erdbevölkerung 55
Eucyte 9
euryhalin 23
Euryökie 22
euryphag 23
eurytherm 23
eutroph 73, 74
Eutrophierung 75 f.
exponentelles Wachstum 31

Faulgase 73, 84, *101*
Faulgasbildung 73
Faulschlamm 73, 74, 84
Fett 17, 78
Fettsäuren 17
Fleischfresser 11, 26, 43, 45
Fliegen 32
Flugasche 81
Fossile Energieträger 48
Freiwasserkörper 67
Fungizide 59

Gärung 17
Geburtenrate 32, 55
Gewässerboden 67
Gleichgewichtsdichte 33
Glucose 13, 14, 17, *94*
Glycerin 17
Glycerinaldehyd 16

Glycerinsäure 16
Gradation 39
Greifvögel 27

HCH 59
Herbivore 43
Herbizide 59
heterotroph 11
Heuaufguß 54, *95*
Hochmoor 46
Hypolimnion 64

Infrarotabsorption 49
Insektizide 59
integrierte Schädlingsbekämpfung 62
interspezifische Konkurrenz 29
Interzellularen 11
intraspezifische Konkurrenz 29, 30

Kadmium 81
Kaliumhydrogenkarbonat *87*
Karnivore 43
Keimzahl 81, *99*
Kernkörperchen 10
Kläranlage 77
Klimaxgesellschaft 53
Klimaxphase 53
Kohlendioxid 11, 13, 14, 20, 70, *102*
Kohlendioxidproblem 48
Kohlenhydrate 9, 78
Kohlenstoffkreislauf 47
Kohlenwasserstoffe 81, 83, 84
Komplexbildner 77, 83
Konkurrenz 29
Konsumenten 11, 41, 68
Kulturlandschaft 58
Kurztagpflanze 24

Langtagpflanze 24
Leucoplasten 11
Licht 23
Lichtreaktion 15 f.
Lindan 59
Limnoaggregat 79
Litoral 67
Lockstoffe 62

Luchs 37
Lugolsche Lösung *88*

Mais 21, *89*
Materiekreislauf 43 f., 46, 84
mesosaprob 80
Methan 73
Methylorange 110
Methylquecksilber 28, 82
Milben 38
Milchsäuregärung 19
Mineralisation 43, 70, 71, *100*
Minimumfaktor 71, 77
Mischwald 31
Mitochondrien 10
Monokultur 56 f., 85
Mungo 40, 61

Na-Al-Silikat 77
Nadelwald 31
NADH$_2$ 18
NADP 15
NADPH$_2$ 15
Nahrungsbeziehungen 26
Nahrungskette 26, 59, 69
Nahrungsnetz 27, 69
Nährschicht 68, 69
Naturlandschaft 58
Neßlersreagenz *108*
Nettoprimärproduktion 45
Nitrilotriazetat 77
Nordseefische 27
Nuklide 28
Nutzpflanzen 58

Ökogenese 52
Ökologie 6
ökologische Nische 29
Ökosystem 41 f.
ökologische Valenz 21
Organell 7, 9
oligosaprob 80
oligotroph 72, 74
Optimum 21, 22
Orthophosphat 68, 71
Oxidationszone 71

Palisadengewebe 13
Pantoffeltierchen 31
Parathion 59
Pelagial 67
Pentanatriumtriphosphat 77, *107*
Pessimum 21
Pestizide 59

Pflanzenfresser 11, 26, 42, 45
Pheromone 62
Phosphat 15, 68, *106*
Phosphatfalle 71
Photosynthese 11, 13 f.
Phytoplankton 68
Pionierarten 52
Plankton *98*
Planktonnetz *98*
Plasmamembran 10
Plenterwald 62
Population 7
Populationsdichte 31, 37
Populationsökologie 7, 31 f.
Populationswachstum 31, 55
Populationswellen 39
Polyphosphate *107*
polysaprob 81
Primärkonsumenten 42
Primärproduzenten 42, 43
Primärsukzession 52
Produzenten 11, 41, 68
Profundal 67
Proteine 9, 78
Protocyte 9
Purpurbakterien 14

Quecksilber 28, 81, 82
Quecksilberionen 82
Quecksilbersulfat 82, 83
Quecksilbersulfid 82

Ratte 40
Räuber-Beute-Beziehung 36, 59
Recyclingprinzip 46
Reduktionszone 73
Reduzenten 43
Regelkreis 35
Rentier 35
Resistenzproblem 60, 61
Revierverhalten 30
Ribosom 10
Rind 56

Saprobiensystem 80, 81
Sauerstoffisotope 14
Sauerstoffbestimmung *103*
Sauerstoffkreislauf 47
Schadstoffe 81
Schädling 58
Schädlingsbekämpfung 58 f.
Schattenpflanze 24
Schilfgürtel 39
Schlammröhrenwurm 67, *101*

Schneehase 37
Schraubenwurmfliege 61
Schwebstoffbindung 83
Schwefelwasserstoff 14, 73, 76
Schwermetalle 28, 77, 81
Sediment 71, 73, 77, 81
See 63
Seenalterung 72
Seenbelüftung 78
Sekundärgesellschaft 52
Sekundärkonsumenten 43
Sekundärproduzenten 43
Sekundärsukzession 53
Selbstvernichtung 61
Silikat 77
Simulationsspiel *91*
Solarkonstante 43
Sommerstagnation 64, 73, 97
Sonnenpflanze 23
Spaltöffnung 13
Sprungschicht 64
Stagnationsphase 64
Stärke 13, *88*
Stenökie 22
stenohalin 23
stenophag 23
Sterberate 32, 55
Sterilisation 61
Stoffkreislauf 85
Streß 34
Sukzession 52, *95*
Sulfanilsäure *109*
Surtsey 52
Synapse 59
Synökologie 7, 26 f.

Teer 84
Temperatur 24
Thiophosphorsäure 59
Tiefenboden 67
Tiefsee 53
Tiger 34
Titriplex 110
Toleranzbereich 22
Treibhauseffekt 48
Trophieebene 45
Tubifex 43, *101*

Umwelt 19
Umweltfaktoren 19
Umweltkapazität 33
Uferbereich 67

Verdoppelungszeit 55
Verlandung 73
Verschmutzungsgrad 81, *110*
Vollzirkulation 65, 70, 79
Volterraregeln 37, 59

Waschmittel 77
Wassergüte 80, 81, *99*
Wasserpest 87, *92*
Wasserschnecke *92*
Wärmeleitfähigkeit des Wassers *96*
Winterstagnation 66
Wirkungsgesetz der Umweltfaktoren 23
Wollschildlaus 61

Zehrschicht 69
Zellsaftvakuole 11
Zellwand 10
Zink 81
Zirkulationsphase 64
Zooplankton 68
Zuwachsrate 32, 35

Anmerkung zu Aufgabe 1 Seite 8:
Der Autor des „Umweltberichtes" ist der griechische Philosoph Platon (4. Jahrhundert v. Chr.). Er beklagt in „Critias" die Zerstörung der griechischen Landschaft durch die fortschreitende Entwaldung.